METAMORFOSIS

*El poder para cambiar tus desafíos
en grandes oportunidades*

Melvin Féliz

Título: METAMORFOSIS

El poder para cambiar tus desafíos en grandes oportunidades

Autor: Melvin Féliz

Primera edición: Marzo 2018

Diseño de portada y diagramación: Jorge F. Soriano

Edición y corrección de estilo: Luis E. Segura

Para invitaciones o pedidos:

Tels.: 407-227-2893 / 809-805-9391

E-mail: melvinfeliz7@gmail.com

 @melvinfeliz

Los textos bíblicos usados en esta obra fueron tomados de la versión Reina Valera del 1960 (RVR1960) y la Nueva Versión Internacional (NVI).

ISBN-13:978-1985851313

ISBN-10:1985851318

Impreso en los Estados Unidos de América por CreateSpace, una compañía de Amazon.

Dedicado a todos los valientes
guerreros que han sido atribulados,
mas no angustiados; en apuros, mas no
desesperados; perseguidos, mas no
desamparados; derribados, pero
no destruidos.

AGRADECIMIENTOS

Ante todo quiero agradecer a nuestro señor y salvador Jesucristo quien ha sido mi mejor refugio en tiempos de tormentas. También a mi esposa Lucelly Soriano por su confianza y paciencia para conmigo. A mi dos hijos, Melanie y Melvin Jr. Siempre serán mi fuente de inspiraciòn.

También agradezco a mis amigas Carmen Sosa y Amarilis Recio por recomendar esta obra, así como a nuestro prologista el Pr. Henry Beras por regalarme parte de su valioso tiempo.

Finalmente extiendo este agradecimiento a ti querido lector, por tomar la decisión de adquirir este libro, espero que sea un instrumento de bendición en la metamorfosis de tu vida.

CONTENIDO

Quiero iniciar estas líneas destacando una idea importante para los lectores de este libro: el término "metamorfosis" proviene del latín metamorphosis, que a su vez deriva del vocablo griego que significa "transformación". En su sentido más exacto, esta palabra hace referencia a la evolución, a la mutación, al cambio de un ente que se convierte en algo diferente. Esta es la idea que aborda la obra que tienes en tus manos, principios de cambio y transformación.

El reconocido autor y conferencista Melvin Féliz, presenta las diferentes etapas negativas de la vida como parte del proceso de transformación. Cuando te sumerjas en el contenido de este libro es muy probable que te ocurra lo mismo que a mí. Te identificarás, sino con todas las etapas o procesos de tu vida, al menos con algunos de ellos. Y no solo eso, sino que el autor te llevará a descubrir que aun las experiencias negativas, suelen tener un aspecto positivo que nos puede ayudar a salir más fortalecidos.

Definitivamente el cambio es algo que todos necesitamos experimentar y siempre viene acompañado de grandes desafíos, pero al mismo tiempo, propician nuevas oportunidades; brindándonos esperanza de un mejor futuro.

Unos de los desafíos más grandes que trae el hablar de metamorfosis es el de cambiar tu entorno y tu percepción de la vida. El autor nos presenta de manera práctica y amena la clave para realizar estos cambios en la forma menos traumática posible, poniendo énfasis en los esperanzadores resultados que vendrán como fruto de las decisiones, quizás radicales pero beneficiosas, no solo para ti, sino para todas aquellas personas que amas.

Si eres de aquellos que has estado buscando una ayuda práctica para realizar una transformación en tu estilo de vida o en tu entorno; si has estado enfrentándote al miedo sin saber qué hacer para trascender los obstáculos que amenazan tu proyecto de vida y de superación personal, quiero decirte que ya has dado el primer paso hacia tu proceso de metamorfosis.

No tengo dudas de que, si la lectura de este material me desafió a realizar algunos cambios y a ver el lado positivo de las experiencias negativas, creo firmemente que también lo puede hacer contigo.

Así como el autor termina cada capítulo de este libro con una reflexión bíblica, me gustaría dejarte el siguiente verso del apóstol Pablo:

"Por lo tanto, si alguno está en Cristo, es una nueva creación. ¡Lo viejo ha pasado, ha llegado ya lo nuevo!" (2 Corintios 5:17, NVI).

Te desafío, amigo lector, a decir con firme convicción:

¡Lo viejo de mi vida ha pasado y ha llegado lo nuevo!

Pr. Henry Beras

*Presidente de la Greater
New York Conference of SDA*

---

1) Julián Pérez Porto y Ana Gardey, "Definición de metamorfosis" (2012),

https://definicion.de/metamorfosis

> *Si realmente quieres un cambio en tu vida, debes cuidar aquello que ves, escuchas y sientes.*
>
> Melvin Féliz

INTRODUCCIÓN

Han transcurrido un poco más de 3 años desde que fue publicada la primera edición de FINANCIERAMENTE SABIO. No tengo palabras para agradecer a todas aquellas personas que me contactaron por diferentes medios para manifestarme los cambios positivos que ocurrieron en sus vidas como resultado de leer el libro. Esas palabras de agradecimiento, felicitaciones y aliento me han sostenido durante todo este tiempo.

Después de meditar sobre las diferentes situaciones que enfrentamos cada día, puedo afirmar, sin temor a equivocarme, que todos hemos pasado ante ciertos eventos que han trastornado nuestra estabilidad emocional. Ya sea la muerte de alguien que amamos, una enfermedad terminal, un divorcio, la pérdida de un empleo, un buen amigo o algún bien material. No cabe dudas que esos cambios repentinos nos afectan poderosamente. En algunos casos nos marcan tan profundamente que resulta difícil volver a recuperarnos.

Atendiendo a esa realidad he preparado esta nueva propuesta que lleva por título: **METARMORFOSIS** *"El poder para cambiar tus desafíos en grandes oportunidades"*. Todo un compendio de experiencias tomadas de la vida real, acompañadas de principios de grandes pensadores, que te ayudarán a entender, desde otra perspectiva, como manejar los procesos de cambios que nos regala la vida.

Cada capítulo ha sido estructurado bajo un orden lógico y propósito definido, que es convertir tus desafíos en grandes puentes que te conducirán hacia una vida plena y llena de esperanza.

Prepárate para disfrutar de una lectura amigable, sencilla y de fácil comprensión.

Capítulo 1

METAMORFOSIS

"El cambio es la única cosa inmutable"
Arthur Schopenhauer (1788-1860) Filósofo alemán.

Transcurría la mañana del 22 de septiembre del año 1998. El país estaba en uno de sus peores momentos, pues el huracán George, de categoría 3 y con vientos superiores a los 200 kilómetros por hora, sorpresivamente estaba tocando suelo dominicano. Los pronósticos indicaban otra trayectoria, sin embargo, en un giro inesperado cambió de rumbo. Toda mi familia estaba atónita. Desde el año 1979, con el paso del huracán David, no se había registrado otro incidente como el que estábamos presenciando. Todos los huracanes que pasan por el caribe, aunque siempre amenazan nuestra tierra, generalmente terminan desviándose. Fue muy devastador lo que causó este poderoso huracán, que según datos de La Comisión Económica para América Latina (CEPAL) provocó pérdidas económicas alrededor de unos dos mil ciento noventa y tres millones de dólares (US$2,193,000) y la muerte de más de 280 personas.

Yo, que nunca había experimentado lo que era el paso de un fenómeno atmosférico de esa naturaleza, temblaba de miedo. Con mucho cuidado ese día logré escurrirme hasta la cabina de la camioneta de mi papá que estaba en la marquesina estacionada. Desde allí pude sentir cómo los fuertes vientos golpeaban nuestra casa. Escuchaba a las personas en la calle buscando refugio. Todo aquello era un panorama deprimente. Luego de unos minutos regresé con los demás a esperar que todo pasara. Al día siguiente fue que realmente pude constatar los verdaderos daños que habían provocado las lluvias y los poderosos vientos en los alrededores de mi residencia. La gente estaba en las calles recogiendo escombros para reconstruir sus viviendas y todo el pueblo estaba unido en un solo propósito. Luego de ver aquello, me dirigí al parque mirador del Este, que está a unos 2 minutos caminando desde mi casa.

Toda mi adolescencia la viví jugando en ese lugar y lo que observé ese día aun lo recuerdo hasta este momento. Los árboles que una vez nos sirvieron para trepar sobre ellos, construir columpios, saltar y marotear, cual fuego consumidor, estaban todos destruidos. Las lágrimas comenzaron a salir de mis ojos y pensé que realmente era el fin.

Un gran cambio había ocurrido y no podía creerlo, solo veía destrucción, pesadumbre, gente llorando y desconsolada. Fue después de unos meses, cuando las autoridades gubernamentales reparaban las calles, el parque, las avenidas y las casas de los afectados, que la esperanza volvió a nacer. El país se puso de pie y finalmente tuvimos un parque más grande y hermoso, las casas se reconstruyeron más fuertes, las avenidas eran más seguras y aunque todo lo material fue restablecido, las pérdidas humanas no pudieron recuperarse. Fueron días difíciles, pero se puede decir que todo volvió a la "normalidad".

Este episodio me hizo comprender que el ser humano naturalmente no asume los cambios como algo normal del ciclo de vida. Nos acomodamos a nuestra paz, a todo lo que satisface nuestras necesidades emocionales, nos aseguramos de permanecer en nuestra zona de confort y cuando ocurre un cambio negativo en nuestro entorno, perdemos el sentido de la vida. Esa desorientación emocional forma parte de nuestras reacciones como seres humanos. *Sentir tristeza, dolor y sufrimiento son procesos que manejados adecuadamente nos ayudan a aceptar los cambios y nos preparan para nuestro nuevo estilo de vida.*

En la naturaleza encontramos cientos de situaciones que nos podrían ayudar a manejar más efectivamente los procesos de cambios que vivimos diariamente. Uno de esos conceptos es lo que se conoce como **METAMORFOSIS**.

Aunque este proceso se aplica con frecuencia a ciertos cambios que sufren las crías de algunos animales hasta llegar a su estado adulto, su significado en la vida del hombre tiene una aplicación muy poderosa.

Veamos este concepto en la metamorfosis de una mariposa:

Primero tenemos el **Huevo**. Normalmente se sitúa en una planta, cerca de una fuente de alimentación. Luego el huevo se transforma en un **Gusano**, también llamado **Oruga o Larva**, que es la etapa más larga dedicada al crecimiento y la alimentación. Después la oruga se convierte en **Crisálida o pupa**. La oruga adquiere esta forma también denominada capullo para luego finalmente convertirse en una **mariposa**. En su último cambio de forma, el insecto sale de la crisálida con su aspecto final como lo conocemos hoy.

Este es el proceso, de forma gráfica de una metamorfosis en la mariposa:

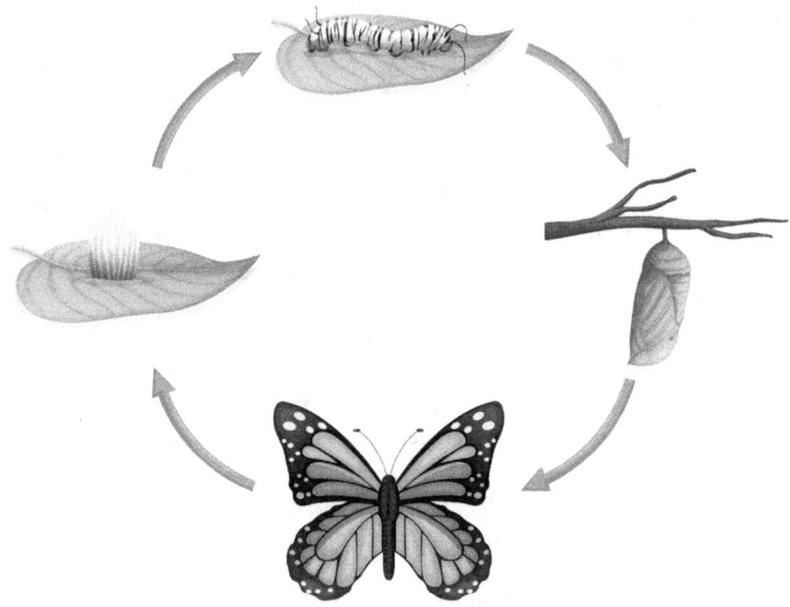

¿Te imaginas que la mariposa se quedara en su estado de huevo y no evolucionara? Sencillamente ya no tendría el nombre que tiene hoy, pero lo que más me sorprende es que la mayor parte del tiempo en su proceso de transformación es en calidad de "gusano". Lo mejor de todo es que ella sabe que, aunque tenga que arrastrarse para sobrevivir, finalmente tendrá alas y podrá ser libre para volar a donde le plazca.

En ocasiones arrastrarse es una etapa de la vida que si la miras con optimismo y crees que es parte de un proceso, tendrás las energías suficientes para que nazcan tus alas.

Entonces, cuando empieces a volar podrás mirar hacia abajo y recordar todos los caminos que recorriste arrastrándote, pero ahora desde las nubes. Y de eso se trata, mirar cada situación como parte de un ciclo. Donde estás ahora, todavía no es el final.

Nuestra vida es una metamorfosis, sufre una constante transformación, ya sea por etapas o repentinamente. Esta transformación la experimentan todas las cosas creadas bajo el sol, ya sea de forma gradual o repentina.

Si analizamos el origen de la palabra "Metamorfosis" veremos que procede del latín metamorphōsis y a su vez del griego metamórphōsis. Está formada por meta- (más allá, después de), morph- (forma, estructura) y -osis (aplicado a nombres para indicar acciones, condiciones o estados). Es decir, si tratamos de construir alguna palabra tomando en cuenta su composición, podríamos decir que metamorfosis es algo "más allá o después de la estructura". Increíblemente, si miras a tu alrededor te darás cuenta que todo el universo, constantemente está atravesando cambios más allá de su estructura. Te puedo mencionar algunos de ellos como son: la capa de ozono, el derretimiento de los glaciales, el aumento del agua del nivel del mar, el clima, etc.

En conclusión, la naturaleza vive en un cambio constante. Nada se queda estático y la mejor manera de disfrutar nuestra vida al máximo es aprender a manejar esas transformaciones que en ocasiones nos golpean, pero si estamos preparados, al mismo tiempo nos hacen cada vez más fuertes. Así lo demostró el filósofo alemán Arthur Schopenhauer cuando afirmó: ***"El cambio es la única cosa inmutable"***.

La noche cambia a día, la mañana cambia a tarde, de niño cambiamos a jóvenes, de adultos cambiamos a envejecientes. Las circunstancias también cambian. La persona que nos ama nos traiciona, el amigo nos engaña, nuestro jefe nos despide, nuestros hijos nos desobedecen, quien vivía, muere. Nuestros pensamientos y decisiones también cambian. De adolescentes vestíamos de una manera, de adultos vestimos de otra. De jóvenes nos divertíamos hasta la madrugada, ahora queremos estar más temprano en nuestras casas y así continuamos todo nuestro viaje por esta vida en un cambio constante hasta convertirnos en polvo de donde originalmente venimos. Ignorar esta realidad es negar nuestra propia existencia.

Sabias fueron las palabras del gran filósofo Heráclito de Efeso cuando afirmó: *"Todo cambia, nada es"*. Si esto es cierto, entonces, ¿Por qué nos resistimos a aceptar el cambio? ¿Por qué nos duele cuando alguien nos traiciona? ¿Por qué nos sorprende cuando muere esa persona que amamos? ¿Por qué perdemos las esperanzas cuando financieramente creemos que estamos hundidos? Sencillamente porque **nuestras mentes no cambian a la misma velocidad de las cosas**. Aun conociendo que algo podría pasar, siempre termina afectándonos emocionalmente y es normal que ocurra, porque el ser humano no fue creado para experimentar cambios negativos. ¿Alguna vez has pensado en la reacción que tuviste cuando se acercaba un gran cambio positivo en tu vida? ¡Tal vez cuando te dijeron: "Sí acepto" frente al altar o cuando compraste tu primer automóvil! ¿Recuerdas cuando te dieron ese empleo que tanto anhelabas? ¿O cuando instalaste ese negocio que tanto esfuerzo te costó? ¡Cuántos sueños se crearon desde entonces! Estoy seguro que en ese momento sentiste algo de ansiedad, pero un tipo de ansiedad diferente a aquella que experimentaste cuando te dieron esa triste noticia que cambio tu día de sol a gris. También sentiste ansiedad, pero muy diferente a la anterior. Si has tenido todo esto, pues ¡Bienvenido al club de los seres humanos! Vivir a plenitud y enfrentar los desafíos de la vida sigue siendo un gran reto. Se necesita una reestructuración psicológica para enfocar nuestros pensamientos y encaminarnos hacia el punto más alto de nuestro bienestar. Es allí cuando se produce nuestra metamorfosis mental y pasamos de ser una pequeña oruga que vive arrastrándose por los embates de la vida, a una brillante mariposa que vuela muy por encima de cada desafío.

CUANDO TOQUES FONDO, USA EL SUELO PARA IMPULSARTE HACIA ARRIBA

Durante casi 20 años trabajé para el sector bancario en las áreas de negocios, análisis financiero y evaluación de crédito. En ese tiempo tuve la oportunidad de atender a miles de clientes, tanto de empresas como individuales. Luego que me hice consultor independiente, en mis entrevistas privadas sigo observando la misma situación de hace 20 años atrás y es que muchas personas cuando experimentan cambios negativos, especialmente en sus finanzas, se hunden en la depresión. No pueden aceptar su nueva realidad. Por eso, tristemente, algunos terminan con hogares destruidos y hasta han atentado contra sus propias vidas.

Por experiencia te puedo decir, que alrededor de un 70% de las personas que atendí durante mi ejercicio profesional, pensaba que sus situaciones eran solo de índole económico. Al profundizar sobre cada caso, descubría que la solución del problema necesitaba un tratamiento más psicológico que financiero. Las personas acudían a mí para buscar una salida matemática, pero finalmente para lograr un verdadero cambio, debían hacer una reorganización de sus pensamientos. Por eso siempre tenía a un equipo de psicólogos donde referir a mis clientes. Los que realizaban sus terapias y luego venían a mis consultas, encontraban mucho más fácil reorganizar sus finanzas.

> **Para lograr un cambio positivo lo primero que debemos reconocer es que lo necesitamos.**

En una ocasión atendí a una pareja de esposos que vinieron a mi oficina para resolver una situación que los estaba afectando. Carlos y Michel (ambos seudónimos) habían estado casados por más de 20 años y sus vidas de pareja había tocado fondo, estaban al borde de la separación. Ella era médico y no estaba dispuesta a seguir apoyando financieramente a su esposo en el negocio que él tenía. Entendía que por más dinero que le suministrara, siempre estaba en un abismo lleno de deudas, así que decidió tomar el control de la situación. Sin consultar con Carlos, Michel decidió visitar a sus principales acreedores, refinanció las deudas a su nombre con la finalidad de que él las siguiera pagando bajo un tipo de acuerdo que su esposo desconocía. Cuando finalmente llegó el día de cumplir con esos pagos, Carlos se reusaba a hacerlo, argumentando que no participó de esas negociaciones, alegaba que, si se le hubiera consultado para esa negociación, habría sugerido otro sistema de pagos con fechas más flexibles, de acuerdo a los ingresos de su negocio. Cuando les pregunté sobre cuán atrasados estaban, me comentaron que ya tenían unos meses que no pagaban, habían recibido varias notificaciones y estaban al borde del colapso. Era evidente que ese matrimonio estaba en graves problemas, sin embargo, quise profundizar un poco más y al cuestionarlos me di cuenta que hasta donde me habían contado, era solo la punta del iceberg. Al preguntarle sobre cómo era la situación económica de ellos 10 años atrás, Carlos tomó la palabra y me dijo que no tenían ese tipo de problemas, la comunicación fluía, él trabajaba para una empresa grande y recibía un buen salario, todos en ambas familias estaban contentos, porque él les ayudaba a resolver sus situaciones financieras. Aunque a pesar de generar buen ingreso, en ocasiones se quedaba sin dinero. En ese momento comencé a detectar por qué se estaba originando la situación actual. Luego de contarme todos sus éxitos, ahora se sentía que nadie lo apoyaba a pesar de haber ayudado a tanta gente y culpaba a su esposa por actuar sin su consentimiento.

Luego de conversar por casi dos horas, me di cuenta que el principal problema de esta pareja no se resolvía con una solución matemática, por lo menos en lo inmediato. Ellos estaban atravesando lo que llamamos un "cambio degenerativo". Es decir, de tener un matrimonio maduro, completo, estable y fluido en la comunicación, ahora habían llegado a un estado degenerativo donde estos valores se habían perdido. Ambos habían cometido errores que dieron como resultado la falta de confianza, la negación de apoyarse uno al otro y la insubordinación. En esas condiciones, no podía establecer un plan financiero para resolver su problema. Era necesario iniciar un proceso que le llamamos "cambio progresivo". Es decir, restablecer los valores que tenían para volver a tener confianza, darse apoyo y una buena comunicación. Primero les comenté que, eso era necesario, antes de atender los asuntos financieros y era evidente que para lograrlo iban a necesitar la ayuda de un terapeuta familiar y ahí fue donde Carlos estalló. No estaba dispuesto a ir a terapia, entendía que era una pérdida de tiempo, argumentaba que él no estaba loco y que los psicólogos no saben de finanzas. Así que se puso de pie y salió de la oficina. Al final, le dije a su esposa que ese tipo de comportamiento era una evidencia más de que ambos necesitaban ayuda psicológica. Ella aceptó nuestra recomendación y me dijo que luego me daría noticias. Transcurrieron unos meses y entonces recibí la llamada de Michel. Me dijo que Carlos había aceptado ir a terapia, que ya tenían varias sesiones y que su matrimonio estaba volviendo a la normalidad. Luego coordinamos otra reunión donde sí establecimos un plan financiero y todo comenzó a resolverse.

Situaciones como esta, la vemos con frecuencia. **Para lograr un cambio positivo lo primero que debemos reconocer es que lo necesitamos**. Es un paso indispensable hacia una metamorfosis consciente. Cuando reconocemos que necesitamos cambiar, nos colocamos en posición de despegue. Listos para iniciar la carrera que nos llevará al nivel más alto. Aceptar esa necesidad requiere tener una mente flexible y dispuesta a explorar nuevas alternativas que nos ayudarán a un crecimiento sostenido.

TRES CONDICIONES PARA INICIAR UN CAMBIO PROGRESIVO

El estado de Israel es uno de los países de oriente que dispone de los sistemas más sofisticados del mundo a nivel de seguridad y defensa. Con un ejército tecnológicamente preparado para enfrentar cualquier amenaza, al mismo tiempo es considerado una potencia nuclear. También es la nación de la que disponemos de mayores datos históricos, muchos de ellos se desprenden de la Biblia. Aunque su declaración de independencia oficialmente fue el 14 de mayo de 1948, seguido de una serie de guerras con los árabes y otros pueblos hermanos, sus raíces históricas se remontan hace más de 3000 años.

Su líder y fundador es reconocido tanto por el judaísmo, el cristianismo y otras naciones hermanas bajo el nombre de padre Abrahán. Es interesante la forma como este hombre también llamado "el padre de las naciones" inició su travesía hacia un destino totalmente desconocido para él. El relato bíblico nos dice que Abram, como era su nombre originalmente, tenía alrededor de 75 años cuando recibió el llamado de Dios para salir de su tierra que estaba en Ur de los Caldeos. Me sorprende bastante que un hombre de esa edad, con su vida prácticamente realizada, establecida y con buena posición económica dejara su zona de confort para ir tras algo de lo cual no tenía mucha información. La orden explícita decía lo siguiente:

> *Pero Jehová había dicho a Abram: Vete de tu tierra y de tu parentela, y de la casa de tu padre, a la tierra que te mostraré. (Génesis 12:1)*

No hay registro de que este hombre haya puesto obstáculos a este llamado, ni tampoco que haya preguntado lo que cualquiera de nosotros hubiese hecho, por lo menos saber hacia dónde iba, con quién, cómo será el viaje, etc. Lo único que se le dio fue una promesa:

> *Y haré de ti una nación grande, y te bendeciré, y engrandeceré tu nombre, y serás bendición. (verso 2)*

Es decir, este hombre debía abandonar su hogar, su familia y todo su entorno para dirigirse hacia lo desconocido, solamente basado en una promesa. Se requiere un gran valor para tomar ese tipo de decisión, sin embargo Abrahán no reaccionó por el contenido de la promesa, si no, por quien la hizo. Simplemente creyó porque indistintamente de que no sabía para donde iba, ni cuán lejos estaba el lugar, quien había hecho la promesa no podía fallarle. Eso me hace preguntar: ¿qué otros aspectos llevó a este hombre a tomar una decisión tan arriesgada?

> *Por la fe Abraham, siendo llamado, obedeció para salir al lugar que había de recibir como herencia; y salió sin saber a dónde iba. (Hebreos 11:1)*

Aquí podemos identificar la primera condición para lograr un cambio progresivo que es: "Tener Fe". Como lo verás en los capítulos siguientes, la fe es indispensable para que el cambio que necesitas se haga realidad. *El único problema que tiene la fe es que no funciona cuando estás en control de las cosas.* Su efectividad inicia cuando te das cuenta que ya no tienes la situación bajo tu dominio. Algo que contrasta bastante con nuestras reacciones naturales. Creer que algo va a suceder, a pesar de no disponer de las herramientas humanas para hacer que ocurra, es considerado un don sobrenatural que está disponible para todo aquel que decida aceptarlo.

Son muchos los testimonios de personas que han estado al borde de la muerte, ya sea por una enfermedad, un accidente o situaciones donde se reduce la posibilidad de vida casi al 100% y de repente ocurre lo inesperado. El enfermo se recupera, la amenaza no se materializa, el accidente no ocurre y una vez más quien le dio la orden a Abrahán de salir de su tierra, obra a nuestro favor.

La segunda condición para lograr un cambio progresivo es: **ACCIONAR**. El relato dice que Abram "SALIÓ". No se quedó esperando la promesa desde la comodidad de su hogar, se movió, recogió todos sus bienes y se puso en marcha. A veces pretendemos tener fe en algo que queremos que ocurra, pero no reaccionamos en consonancia con lo que profesamos. Si realmente quieres un cambio o readecuarte a lo que te ocurrió, debes reaccionar al respecto. No puedes quedarte sentado llorando sobre tus penas, hay un momento cuando simplemente debes secar tus lágrimas y ponerte de pie.

Abrahán había recibido dos promesas, la primera era que Dios le iba a dar una tierra próspera y la segunda era que lo iba a convertir en padre de naciones. Lo de la tierra era atendible, ahora lo de ser padre de naciones humanamente fue un gran desafío. Pues para comenzar, su esposa no podía tener hijos, era estéril. Así que a ella se le ocurrió una brillante

> **El único problema que tiene la fe es que no funciona cuando estás en control de las cosas.**

idea, como Dios le había prometido un hijo a su esposo, pensó que si Abrahán se acostaba con Agar, quien era su empleada doméstica y ésta quedaba embarazada, el hijo de ella, según sus costumbres, también iba a ser su hijo y por lo tanto ahí estaba la descendencia asegurada y así lo hizo. Sarai le permitió a su sierva Agar que durmiera con su esposo y efectivamente quedó embarazada, luego de unos meses dio a luz a Ismael, hijo natural de Abrahan, pero hijo postizo de Sarai. El único problema era que esa no era la manera como Dios pretendía que Abrahán tuviera su descendencia. Su esposa había cometido un gran error en tratar de "ayudar" a Dios. Más adelante se obró un milagro y la misma Sarai también quedó embarazada para dar a luz a Isaac. Ahora Abrahán tenía dos hijos de madres diferentes, todos viviendo en la misma casa. Y como es lógico los problemas no tardaron en llegar, finalmente Agar tuvo que abandonar la casa junto a su hijo Ismael e Isaac quedó como el primogénito hijo de la promesa. Pero Dios no se olvidó de Ismael y su madre, también les bendijo y de estos dos chicos se han creado multitudes de naciones, tal como se le había prometido al patriarca.

Finalmente aquí podemos identificar la tercera condición para lograr un cambio progresivo y es: **COMETER ERRORES**. A pesar de tener un buen objetivo, Sarai erró en el procedimiento. Así nos pasa a nosotros, a pesar de tener la seguridad de que vamos a tener éxito, siempre vamos a cometer errores. Reconocerlos y rectificar, nos ayudará a alcanzar aquello que tanto deseamos. A pesar de todas las dificultades que ocurrió en la vida de este patriarca, el verso termina diciendo: ***"...y a tierra de canaán llegaron"***.

Transcurrieron muchos años y en la medida que la familia se multiplicaba, y las situaciones empeoraban, fueron maltratados, y llegaron a ser esclavos de naciones extrajeras, pero finalmente se cumplió la promesa. Fueron libertados y llegaron a la tierra que se les había prometido y hoy es una nación modelo, progresista, visionaria y con un lugar respetado en el mundo.

La vida consiste en sacar lo mejor de lo peor que nos ocurre. Para ello será necesario recordar las tres condiciones para lograr un cambio progresivo en la vida. Repasemos:

1. Tener Fe en que la situación va a cambiar.
2. Accionar sobre aquello que deseas lograr.

3. Cometer errores como parte del proceso de aprendizaje.

Por lo tanto no debes pasar el resto de tu vida lamentándote. Es bueno reconocer tus faltas, pero debes tomar en cuenta que siempre tienes la oportunidad de resarcir, aunque las cosas no vuelvan a ser como antes, *si tienes fe, accionas y reconoces cuando cometes un error, habrás iniciado la primera etapa en tu proceso de metamorfosis.*

Capítulo 2

EL DESAFÍO DEL CAMBIO

"Nadie se baña en el río dos veces porque todo cambia en el río y en el que se baña"

Heráclito de Efeso (540 AC-470 AC)
Filósofo griego.

Uno de los momentos más emocionantes de mi vida fue cuando tomé por primera vez un avión con destino a la ciudad de Nueva York. Hasta ese momento solo había visto esta impresionante ciudad por televisión y todo lo que transcurría en mí alrededor era como un sueño. Estaba feliz, pues uno de mis deseos siempre fue visitar esta urbe y en ese momento lo estaba haciendo realidad. Había ahorrado algunos dólares para disfrutar mi viaje a plenitud, sin embargo, desde que llegué al aeropuerto John F. Kennedy comencé a darme cuenta que estaba en un mundo totalmente diferente al que imaginé.

Aun llevaba puesto mi abrigo pensando que esto era suficiente para mitigar el frío que trae la temporada. Transcurría el mes de enero, cuando el verdadero invierno apenas inicia. Mis amigos y yo pasamos por los controles de inmigración sin ningún contratiempo, retiramos las maletas y cuando estábamos dispuestos para salir del aeropuerto fue cuando me percaté de que el tema de la temperatura en esta ciudad es algo muy serio. Tan pronto abrimos la puerta de cristal para dirigirnos al área de parqueo, un fuerte viento crudo y frío golpeó mi cuerpo de tal modo que me hizo retroceder de forma instantánea. Por un momento pensé que estaba frente a un refrigerador de grandes embutidos. En ese instante me di cuenta que los abrigos que había adquirido, los guantes y calzados no me servirían para mucho. La realidad resultó muy distinta a la imaginación.

> **Cuando nos proponemos alcanzar algún proyecto en la vida debemos de estar conscientes de que los planes siempre pueden cambiar.**

Mientras tanto, allí me encontraba sin tener otra opción que salir hasta el vehículo que nos esperaba. Recorrimos un largo camino que nos llevó hasta el condado del Bronx. Siempre agradeceré a mi amigo Idanés por facilitarnos sus Coats y hacernos la vida más cómoda. Luego de estar "preparados para la batalla", de allí recorrimos toda la ciudad de Manhattan, visitamos varios parques, la 5ta. Avenida, la zona cero y para cerrar nuestra travesía nos fuimos a patinar sobre hielo, cuando de repente uno de mis compañeros resbaló en plena pista estrellándose contra el piso y se lastimó un brazo. En ese momento el personal de primeros auxilios lo llevó a enfermería y nueva vez estábamos frente a una situación inesperada. Asustados y con el temor de que se hubiese fracturado algún hueso. Las buenas noticias llegaron, pues solo se había lastimado el músculo. Al día siguiente nos trasladamos hacia el hotel Hilton en Connecticut, lugar donde se llevaría a cabo un congreso sobre liderazgo, donde estábamos invitados a participar como oradores. Increíblemente mi disertación era sobre: *"Cómo preparar un Plan Estratégico"*. Sin embargo, yo no tenía uno para enfrentar los imprevistos que nos habían ocurrido.

Aprendí por cuenta propia que aunque tengas todo bien programado, los planes cambian y no siempre por nuestra propia voluntad. Esto me hizo darle un nuevo enfoque a mi disertación y es que **cuando nos proponemos alcanzar algún proyecto en la vida debemos de estar conscientes de que los planes siempre pueden cambiar**. Ya sea por factores internos, es decir, situaciones que podemos controlar o factores externos, aquellos que no podemos controlar.

> **Nuestra actitud hacia aquello que nos ocurre es lo que decidirá si continuaremos en el camino de alcanzar nuestro objetivo de vida.**

Nuestra capacidad de aceptación va a determinar cómo enfrentaremos esos cambios y de qué manera tomaremos la mejor partida. Muchas veces nos desalentamos y mostramos resistencia cuando las cosas no ocurren como lo esperamos pero ***nuestra actitud hacia aquello que nos ocurre es lo que decidirá si continuaremos en el camino de alcanzar nuestro objetivo de vida***.

Se le atribuye a Publio Terencio Afro, el famoso autor de comedias durante la república Romana en los años 170-160 A.C. la frase que dice:

"Cuando no se puede lograr lo que se quiere, mejor cambiar de actitud".

Cuando te hablo de actitud me refiero a la forma como decidimos responder ante las circunstancias y quiénes decidimos ser ante una situación de cambio. Estas respuestas pueden darse de forma voluntaria e involuntaria:

1. ***Forma involuntaria.*** Generalmente reaccionamos sin pensar, nuestras emociones tienen el control y en ocasiones debemos pedir disculpas por decir palabras inadecuadas o accionar incorrectamente.

2. ***Forma voluntaria.*** Es cuando tenemos suficiente control emocional para decir y actuar de tal manera que no tengamos la necesidad de pedir disculpas porque tuvimos la capacidad de manejar adecuadamente la situación y actuar responsablemente.

En ocasiones nuestras emociones nos traicionan y perdemos el control de nosotros mismos. Esta falta de dominio propio es lo que nos inhabilita para aceptar y manejar el cambio de manera efectiva. Sin embargo, te puedo decir, que nuestra capacidad de respuesta puede ser perfectamente controlada. Todo inicia cuando aprendemos a cambiar nuestros pensamientos, de manera puntual, lo que creemos e interpretamos de las cosas.

Uno de mis autores favoritos el Dr. Howard Gardner en su libro Mentes Flexibles le llama: "las representaciones mentales". Es decir, la forma como el ser humano percibe, procesa, interpreta, retiene y recupera información. Esto ocurre de forma consciente e inconsciente. Por ejemplo, cuando recibimos instrucciones sobre un área académica en particular, utilizamos la lógica para llegar a ciertas conclusiones que antes no teníamos. Lo vivimos hace unos años atrás, cuando todos o más bien, casi todos creían que la tierra era plana. Pero los estudios demostraron que era redonda. Eso produjo un cambio de pensamiento sobre la imagen que el ser humano tiene de nuestro planeta.

Aquí observamos un cambio mental consciente. También se puede generar un cambio mental de forma inconsciente, cuando de forma imperceptible, una ideología se desarrolla desde el subconsciente y va haciendo cambios en nuestros pensamientos sin darnos cuenta. En este grupo te puedo mencionar aquellas personas que han sido ateas toda su vida, sin embargo, al mudarse a un país con creencias religiosas, finalmente y de forma gradual terminan creyendo en Dios.

Así funciona la mente del ser humano, nosotros podemos generar un cambio mental de forma voluntaria e involuntaria.

Lo que te quiero significar con estos ejemplos, es que cuando decidimos aceptar esos cambios, establecemos un hilo de comunicación entre dos ideas que antes no se conciliaban, pero que ahora sí.

También hay incidentes que pueden producir un cambio mental radical y ahora pienso en aquellas personas que durante toda su vida mostraron ser gente "normal" y hasta fueron buenos vecinos, se han ganado nuestro respeto y admiración, pero de repente ves en los noticieros que ese "vecino" era un asesino en serie o un violador. Tan pronto recibimos la información negativa, se produce un cambio de pensamiento hacia aquello que creíamos de esa persona o situación. Eso lo vemos a diario, justamente en los días que escribía este capítulo, era de conocimiento público a través de los medios de comunicación, uno de los peores escándalos que indignó a todo nuestro país llevados a cabo por un sacerdote católico. Durante años abusaba sexualmente de uno de sus monaguillos, al parecer el joven ya no aguantaba más la humillación y amenazó con denunciarlo a las autoridades. El Sacerdote entonces lo llevó a una de las casas de la iglesia donde se impartían seminarios, allí lo golpeó con un martillo y luego le cortó la garganta ocasionándole la muerte.

Después se llevó el cuerpo y lo arrojó en un lugar hasta ese momento desconocido. Esa misma noche ofició una misa y continúo con su vida. Luego que se notara la ausencia del joven monaguillo y empezaron las investigaciones, todo salió a la luz.

Al ver las noticias me impresionó mucho, que los vecinos del sacerdote, su familia y las personas que fueron "ministradas" a través sus predicaciones lo describían como "un hombre de Dios", que siempre hacía el bien a los demás y atónitos les costaba creer lo que ocurrió. Y por supuesto, que las autoridades de la iglesia no se quedaron con los brazos cruzados, lo expulsaron del clero y le dieron todo el apoyo a la familia agraviada para que sea sometido a la justicia por un tribunal ordinario y pague por lo que hizo.

Evidentemente que noticias como estas nos hacen pensar que no todo es como se ve. Por eso se le atribuye al gran historiador, político y teórico italiano Nicolás Maquiavelo la frase:

"En general, los hombres juzgan más por los ojos que por la inteligencia, pues todos pueden ver, pero pocos comprenden lo que ven".

> **En ocasiones no alcanzamos nuestros objetivos porque no nos equivocamos lo suficiente como para aprender que debemos cambiar la forma de hacerlo.**

Cuando comprendemos y aceptamos la realidad de las cosas, ellas nos obligan a cambiar de mentalidad y aceptar ciertas cosas que en ocasiones nos duelen. Pero también puede producir un efecto "extremo" en nuestro cambio mental y es llegar a la conclusión que por el hecho de que este hombre cometió ese horrendo crimen, ya todos los demás ministros son iguales. *No podemos juzgar a una multitud por el accionar de uno*.

Hasta en nuestras familias tenemos personas que han deshonrado nuestro nombre y eso no significa que todos seamos iguales. Sería injusto pensar que todos debemos cargar la culpa por la falta de uno. Con esto, lo que quiero ilustrar es que las circunstancias juegan un papel determinante para el cambio de nuestros pensamientos y tenemos que estar conscientes hasta donde nos afecta.

LAS INFORMACIONES QUE RECIBIMOS AFECTAN NUESTRA ACTITUD

En una ocasión recibí una invitación para presentar unas conferencias en la ciudad de Cunduacán en el estado de Tabasco, al sur de México. Me pareció excelente la idea de volver a aquel país, pues el año anterior había tenido la oportunidad de visitar el municipio de Huatulco en el estado de Oaxaca y me tomé un tiempo para disfrutar de sus hermosas playas, conocer la cultura, hacer nuevos amigos y amanecer en algunos de sus hoteles. Definitivamente quedé sorprendido por la nobleza y calidez de la gente, así como el nivel de seguridad que pude observar.

Para esta ocasión, al llegar a Cunduacán me sentía confiado. Esa noche terminé mi disertación y no quería ir directamente al hotel. Así que unas personas allegadas a los organizadores del evento me invitaron a cenar a un restaurante, lo cual me pareció una excelente idea. A pocas cuadras del lugar, pudimos ver que había un gran desfile. Por la muchedumbre de gente tuvimos que dejar nuestro vehículo estacionado y caminar un trayecto de unos trescientos metros. Mientras íbamos, le pregunté a mi anfitrión sobre la ciudad, su cultura y la seguridad. De repente noté que con cara de asombro y en voz baja me dijo: *"No hables fuerte, donde estamos es uno de los lugares que tiene el más alto índice de secuestros de esta región".* Siendo yo una persona con facciones raciales muy distintas a los mexicanos, mi sola presencia a distancia me delataba como extranjero. Cuando escuché sus palabras, me quedé casi congelado. Y continuó diciendo: *"Hace unos días secuestraron a una persona justamente en aquella esquina y para pedir el rescate le enviaron a sus familiares el dedo índice de la víctima en una bolsa de hielo".* En ese momento pensé: ¡Oh mi Dios, a donde rayos estoy! En segundos mi mente se trasladó unos años atrás cuando secuestradores desalmados me asaltaron junto a mi familia en la ciudad de Santo Domingo pidiendo una gran suma de dinero. Finalmente no consiguieron nada, pero fue un momento bien difícil. Parte de la historia la puedes encontrar en el libro "Financieramente Sabio". No sé si realmente la información de los secuestradores que comentaba mi anfitrión de esa noche era del todo cierta, tampoco yo tenía interés en validarla, lo que si ocurrió es que mientras íbamos al restaurante no hice más preguntas. Llegamos al lugar, cenamos y luego caminamos todo el recorrido hasta nuestro vehículo. Aquel trayecto me pareció toda una eternidad.

> **Lo que tu decidas hoy y ahora es lo que determinará lo que serás mañana.**

Honestamente te puedo decir que por mi mente cruzo la idea de cambiar el vuelo esa misma noche y regresarme a mi país, pero tenía el compromiso de una semana de charlas y apenas iba por el tercer día.

Finalmente llegamos al hotel donde me hospedaba y acostado en la cama recordé las palabras del apóstol Pablo cuando escribió:

> *Y sabemos que a los que aman a Dios, todas las cosas les ayudan a bien, esto es, a los que conforme a su propósito son llamados. (Romanos 8:28).*

No podía permitir que el miedo y la inseguridad arruinaran mi estadía allí, así que decidí aceptar la promesa de Dios. En oración le dije esa noche que, si algo me pasaba, que sirva de testimonio y edificación de las personas. Esa decisión quitó mi miedo e inseguridad, terminé mi semana de conferencias y regresé a mi hogar sano y salvo.

Enfrentar los cambios siempre será un gran desafío para las personas, pero nuestra actitud hacia aquello que enfrentamos es lo que determinará si vamos a tener éxito o no. La resistencia al cambio es un gran obstáculo, y se hace mucho más grande cuando no tenemos el poder de cambiar las cosas.

Resistirse prolonga el proceso de desarrollo de nuestro carácter y produce una carga emocional que es difícil de llevar. Por eso, en vez de resistirte al cambio, mejor acéptalo. Acepta aquello que inevitablemente no puedes cambiar, así le quitas poder a lo que te causa estrés y estarás habilitado para enfocarte en lo que realmente puedes controlar.

Experiencias como la que vivimos al llegar a la ciudad de New York y Cunduacán ocurren en diferentes escenarios. Creemos que por tener acceso a todo un mundo de información vamos a tener siempre todas las respuestas correctas, pero tristemente no es así. Cometer errores es una de las características que nos identifican como seres humanos y provocan los cambios más drásticos. *"En ocasiones no alcanzamos nuestros objetivos porque no nos equivocamos lo suficiente como para aprender que debemos cambiar la forma de hacerlo"*.

Tal vez en estos momentos no te sientas cómodo, ya sea porque estás ejerciendo un oficio que no querías, vives en el lugar que nunca imaginaste, tu vida sentimental va camino a la deriva o quizás eres de los que creen en la predestinación y que por más que te esfuerces tu "destino" ya está escrito y es llegar hasta donde estás. Nada más lejos de la verdad. Permíteme decirte que eres el dueño de tu propio destino. *"Lo que tu decidas hoy y ahora es lo que determinará lo que serás mañana"*. El asunto es que cuando nos detenemos en las circunstancias creemos que hemos llegado al final, pero no es así, debes creer y aceptar que donde estás ahora es temporal, apenas te encuentras en medio de la autopista, no tienes por qué quedarte ahí.

Solo estás viviendo el capítulo uno de la historia de tu vida, falta el capítulo final y como dice una canción que interpreta la vocalista cristiana Isabel Valdez: "Cuando crees que tu historia se terminó, Dios te dice: ¡NO! Yo tengo la parte dos". Para ello debes reenfocarte y reconocer que todo lo que has hecho no ha sido en vano. Cuando crees en Dios y en ti mismo, toda esa experiencia te sirve para reconstruir tu futuro. Recuerda siempre estas palabras:

"Si fracasas intentando hacer las cosas bien, tienes ventaja sobre aquellos que por miedo a fracasar no intentan nada".

Todo lo que ha ocurrido en tu vida tiene un propósito, debes creer que mientras puedas respirar y leer estas páginas existe la posibilidad de tomar el control y volver a intentarlo otra vez. El sufrimiento y el dolor, manejados adecuadamente, tienen el poder de quebrantar nuestro orgullo, hacernos más humildes y abrirnos las puertas hacia las personas que nos pueden ayudar.

> **Cada lágrima que sale de tus ojos es una roca que se debe romper para darle paso a una nueva construcción en tu vida.**

Solo tú tienes el poder de elegir si continuar con esa carga o tirarla de una vez por todas. *"Cada lágrima que sale de tus ojos es una roca que se debe romper para darle paso a una nueva construcción en tu vida".* No importa cuántas veces haya salido mal, no importa los errores que hayas cometido, no importa lo que hayas perdido. Siempre hay un momento para comenzar.

Con el tiempo he aprendido que la vida es como un carrusel, tiene momentos altos y bajos, la clave está en mantenerte amarrado a tu asiento. Amarrado a tus valores, a tus principios, a tu objetivo de vida. No te debes soltar, en ocasiones te van a faltar fuerzas para mantenerte firme, la presión de la gravedad te va sacudir, pero debes perseverar. Se le atribuye al escritor británico Oliver Goldsmith la frase:

"Nuestra mayor gloria no está en no haber caído nunca, sino en levantarnos cada vez que caemos".

¿Qué de extraordinario tiene no haberse caído nunca? Los grandes científicos y líderes que tenemos en la historia de hoy lograron sus hazañas a base de prueba y error. Si no pregúntale a Albert Einstein, Tomas Edison, Charles Chaplin, Henry Ford, Soichiro Honda, Walt Disney, Oprah Winfrey, Steve Jobs y una lista interminable de personas cuyo principio en común era: *"No permitieron que sus caídas y fracasos los derrotaran"*. Se mantuvieron firmes en su objetivo, veían los errores y los cambios en sus vidas como parte de un proceso y siguieron adelante.

ACEPTARON SUS REALIDADES PERO NO SE RESIGNARON

Hay una gran diferencia entre ambas decisiones. Cuando aceptas tu realidad, significa que por el momento no puedes lograr lo que quieres y pospones ciertas cosas para más adelante. Cuando te resignas, simplemente te das por vencido. Ya no lo vuelves a intentar y es entonces cuando te colocas en la misma puerta para entrar a la casa de la derrota.

Por esa razón, *si miras un poco más allá, vas a encontrar muchas vías para ir tras tus sueños, pero hay una sola forma de no alcanzarlo que, es fracasar y resignarte*.

A lo largo de toda mi vida también he tenido días buenos y malos. He pasado por situaciones emocionales y económicas difíciles. He perdido casas, empresas, vehículos, gente que me ha traicionado, otras han fallecido y en ocasiones me he sentido derrotado; sin fuerzas, con miles de preguntas sin responder, pero después de pasar por el crisol y aceptar las circunstancias he podido ver un rayo de luz al final del camino, como las cosas van cayendo en su lugar y todo encajar como si una mano invisible estuviera ordenando todo.

LAS PRUEBAS TE HACEN MAS FUERTE

Uno de los enemigos más férreos de los cristianos, luego de la muerte de Cristo, fue Saulo de Tarso, quien después de tener una experiencia personal con Jesús se convirtió al cristianismo y cambió radicalmente su mentalidad. En su nueva vida, ahora como discípulo perseguido, en vez de perseguidor, escribió algo que llamó mucho mi atención, dice así:

> *También nos alegramos al enfrentar pruebas y dificultades porque sabemos que nos ayudan a desarrollar resistencia. Y la resistencia desarrolla firmeza de carácter, y el carácter fortalece nuestra esperanza segura de salvación. (Romanos 5:3-4)*

¿Qué las pruebas y dificultades producen resistencia? Bueno, eso es lo que él afirma y tiene sobradas razones para creerlo. **Las pruebas y dificultades solo producen resistencia cuando entendemos que las situaciones adversas que vivimos son parte de un proceso, no del final.**

Cuando apenas cumplía mis 18 años de edad experimenté por primera vez lo que significó un verdadero cambio en mi vida. Desde pequeño compartía mi dormitorio con el tercero de mis hermanos y aunque él tenía aproximadamente 5 años más que yo, en ocasiones nos prestábamos algunas prendas de vestir. Esa mañana me despertó temprano antes de irse hacia su trabajo para pedirme una de mis camisas blancas. Me comentó que tenía una exposición en la universidad luego que saliera de su trabajo y debía ir con ropa formal. Entre sueño, le dije dónde estaba y me volví a dormir.

> **Si miras un poco más allá, vas a encontrar muchas vías para ir tras tus sueños, pero hay una sola forma de no alcanzarlo que, es fracasar y resignarte.**

El día transcurrió normalmente. Fui a la escuela, luego ayude a mi padre en la fábrica de colchones y al caer la noche estaba en casa de unos amigos cuando de repente alguien entró y me dijo: "Melvin, debes ir urgente a la casa porque tu hermano acaba de tener un accidente de tránsito".

En principio pensé que era una broma, pero al ver su insistencia me di cuenta que algo no andaba bien. Cuando llegué a mi casa ya mis padres estaban en el hospital, así que me fui directamente al centro de salud donde se encontraba mi hermano y efectivamente, allí pude verlo con algunas heridas. Al parecer no era nada de qué preocuparse, pues ya los médicos lo tenían en observación.

No habían transcurrido 30 minutos, después que yo había llegado, cuando mi hermano comenzó a sentirse mal, inmediatamente llegaron los doctores y lo llevaron a cirugía donde un equipo de más de cuatro médicos trató de salvarle la vida, pero finalmente murió. Tenía muchos golpes que no se podían ver físicamente, especialmente en los riñones y falleció por varias hemorragias internas.

> **Las pruebas y dificultades solo producen resistencia cuando entendemos que las situaciones adversas que vivimos son parte de un proceso, no del final.**

Nunca yo iba a imaginar que esa mañana, cuando me pidió prestada mi camisa blanca, realmente le estaba dando la despedida. Así son las cosas, cuando no tenemos control de las circunstancias que trae la vida, lo único que nos queda es aceptar la providencia de Dios.

Debemos dejar de culparnos por aquellas cosas que inevitablemente no podemos cambiar. A veces queremos regresar el tiempo, volver al pasado y revertir todo aquello que nos causó dolor. En ocasiones nos sentimos culpables, *pero la vida nos ha demostrado que en el dolor es cuando aprendemos a amar y valorar lo que nos rodea*. No hay que esperar la pérdida de un ser querido, la separación de tu esposa e hijos; que ya no tengas empleo o que estés hundido en la desesperación y bancarrota para mirar a tu alrededor y darte cuenta que aún tienes el poder de reescribir tu historia. Observa detenidamente y verás que aún hay personas que te aman, te valoran y esperan lo mejor de ti. Por eso te invito en este momento a levantarte y volver tras tus sueños, ¡Acepta el cambio!

Capítulo 3

EL PODER DE CAMBIAR TU ENTORNO

"Ten cuidado al elegir tu entorno, cuando lo haces estás decidiendo lo que serás mañana"

Melvin Féliz

Conferencista Internacional

Entre los mejores avances que el mundo de la tecnología nos ha entregado, en mi opinión, uno de los más transcendentes ha sido la realidad virtual. Dos palabras que por definición parecen ser opuestas, ya que "realidad" desde el punto de vista lingüístico es todo aquello que forma parte de un todo y tiene cualidad de existir y podemos demostrar por lo menos físicamente. Lo virtual viene de algo abstracto, lo opuesto a lo físico, algo que nos hace sentir como si realmente existiera, cosas que no podemos palpar, pero que sí podemos ver y sentir.

El concepto está actualmente asociado a lo que tiene existencia aparente, opuesto a lo real o físico. Este término es muy usado en el ámbito de la computación y la tecnología para referirse a la realidad construida mediante sistemas o formatos digitales.

Entonces la realidad virtual podemos definirla como un sistema tecnológico que permite al usuario tener la sensación de estar inmerso en un mundo diferente al real. Esta ilusión se produce gracias a los modelos creados por una computadora que el usuario contempla a través de un dispositivo especial. Aunque originalmente la realidad virtual nació para aplicarse en los videojuegos, actualmente tiene utilidad en campos como la medicina y el transporte, entre otras áreas.

> **Si realmente quieres un cambio en tu vida, debes estar atento a lo que ves, escuchas y sientes.**

Lo que más me llama la atención de esta tecnología es que tiene el poder de alterar nuestro estado emocional y provocar que reaccionemos ante esos estímulos.

Recuerdo en una ocasión cuando el hijo de un gran amigo mío, me insistió para que probara su nuevo regalo que le había hecho su padre. Al verlo, simplemente noté un casco, como los que usan los pilotos de aviación. Solo que, al colocarlo sobre mi cabeza, en principio, todo era oscuro. Amablemente me pidió que elija algún ambiente donde me gustaría estar e inmediatamente le dije que me encantaría ir al fondo del océano. Me coloqué el dispositivo e increíblemente pude ver cómo me sumergía al fondo del mar, comencé a sentir las olas y en la medida que profundizaba en el océano pude ver hermosos peces rodeándome, preciosos arrecifes y arena blanca debajo de mis pies. Luego de unos minutos, noté que todos los peces que me rodeaban comenzaron a alejarse de forma abrupta. Aún puedo sentir las burbujas que dejaron al marcharse. Luego escuché un sonido extraño y al mirar hacia mi derecha, un tiburón blanco, de aproximadamente 6 metros, venia hacia mí dispuesto a convertirme en su almuerzo del día. Mi corazón se aceleró y les confieso que hasta me faltó el aire, cuando de repente escuché un montón de carcajadas lo cual me hizo "despertar" y quitarme rápidamente el casco. Todos estaban riendo al ver como yo me movía físicamente para defenderme de ese terrible tiburón. Gracias a Dios que solo era algo "virtual". Sin embargo, lo que sí era real, eran mis reacciones.

> **Ten cuidado al elegir tu entorno, cuando lo haces estás decidiendo quien serás mañana.**

Este evento tiene una estrecha relación con el descubrimiento que hizo el famoso neurobiólogo italiano Giacomo Rizzolatti, cuando en el año 1996 junto a su equipo presentó por primera vez lo que se conoce como las células espejo o mejor conocidas como las células de la empatía. Lo que le da explicación al hecho de que cuando alguien bosteza, la otra persona que la ve repite la misma acción. El estudio de estas células demuestran que el ser humano absorbe, ya sea directa o indirectamente, una influencia sobre todo aquello que lo rodea y te hace reaccionar en función de aquello que ves.

Algo vinculado a este concepto lo experimenté en el año 2001 cuando se estrenó por primera vez la película norteamericana Rápidos y Furiosos dirigida por Rob Cohen y protagonizada por Paul Walker, Vin Diesel, Michelle Rodríguez y Jordana Brewster.

Recuerdo que al finalizar la película mis amigos y Yo bajamos hasta el estacionamiento donde teníamos nuestros vehículos y fue sorprendente notar que muchas personas al salir aceleraban sus carros tal como lo habían visto en la película, provocando inclusive algunas colisiones. Con esa misma idea, la escritora norteamericana Elena G. White, en su libro titulado La historia de Patriarcas y Profetas escribió lo siguiente:

> *Por la contemplación nos transformamos...*

Es un hecho. Nuestro entorno juega un papel determinante en la formación de nuestro carácter y por ende en nuestra conducta. Ya sea en realidad virtual, película o cualquier otro medio, si realmente queremos hacer verdaderos cambios debemos cuidar nuestro entorno.

Dicho en otras palabras, *si realmente quieres un cambio en tu vida, debes estar atento a lo que ves, escuchas y sientes*. Estos tres elementos han determinado lo que eres hoy. Así aprendiste a hablar, escuchar, interpretar las cosas y ver el significado de la vida. Si constantemente estás rodeado de personas que siempre tienen una mala noticia, gente que solo hablan de tragedias y cómo la vida los ha maltratado, probablemente vas a necesitar "quitarte el casco virtual" para que el tiburón no haga de ti su almuerzo.

A veces nos duele tener que separarnos de aquellas personas que amamos y es atendible. Sin embargo, la verdad es que no podemos cambiar la mentalidad de todos. En un ambiente donde reina el pesimismo, las malas noticias, la falta de éxito y el sentimiento de derrota es el pan de cada día, es casi un milagro que alguien sea diferente. Es imperante un cambio, llenar nuestra mente de optimismo, buenas noticias y entusiasmo. El hecho que otros no lo hayan logrado, no significa que tú no lo hagas, no estás condenado a repetir la historia.

Pero ten cuidado al elegir tu entorno, cuando lo haces estás decidiendo quien serás mañana. Ya sea de forma voluntaria o involuntaria, el poder del entorno es una realidad que afecta nuestras conductas.

PARA CAMBIAR DE ENTORNO DEBES CREER EN TI MISMO

Hace más de 20 años, me congregaba en una comunidad cristiana que acostumbraba a hacer campamentos por varios días en lugares apartados muy distante de la ciudad de Santo Domingo. Yo era bastante joven y una vez nos fuimos de retiro a un municipio que le llaman Bayaguana, lugar que pertenece a la provincia de Monte Plata. Allí conocí a un muchacho que era mucho más joven que yo, por su apariencia y antecedentes sabíamos que provenía de una familia humilde, pero a diferencia de los demás, este joven tenía un talento poderoso. Cantaba muy bien y tocaba un poco de guitarra, además había una chica de nuestra comunidad que le gustaba.

Triste fue para él cuándo terminaron los días del evento y todos nosotros debíamos regresar hacia nuestros hogares. El muchacho se sintió muy triste, pero se propuso una meta y era mudarse para Santo Domingo, donde vivía la joven de nuestra comunidad que le atraía. Lo que no esperaba este adolescente, era que ir a vivir para la ciudad, a pesar de no tener los recursos

> **Cambiar de entorno es colocarnos en un medio social que contribuya a nuestro objetivo de vida.**

económicos para hacerlo, le abrió puertas. Al principio fue difícil, pero no se dio por vencido. Conquistó a la muchacha, desarrolló su talento y hoy es un prominente cantante cristiano.

Quizás suene un poco pretencioso decir que no iba a lograrlo desde su ciudad de origen, pero una cosa si te puedo asegurar y es que el cambio del entorno le favoreció notablemente. Por eso no acostumbro a desalentar a aquellas personas que por ir tras sus sueños tienen que mudarse, cambiar de amistades, vivir en otro país, etc.

Para muchas personas no es una tarea fácil cambiar su círculo. El ser humano por naturaleza se apega a sus orígenes. Por eso generalmente la gente que emigra de un país a otro, siempre piensa en regresar. Algunos, al marcharse "queman los barcos" y no regresan. Sin embargo hay un gran número de personas que no se desconectan de sus raíces. Y de eso se trata, el cambio de entorno no significa olvidar nuestros orígenes, no regresar a nuestra tierra, ni tampoco borrar un pasado que hasta cierto modo definió lo que somos hoy. *Cambiar de entorno es colocarnos en un medio social que contribuya a nuestro objetivo de vida*. Por ejemplo, si estás pensando en ser músico y dominar ciertos instrumentos, te será mucho más fácil aprender ese oficio cuando te rodeas de personas que hacen lo mismo que tú, que si te rodeas de personas que practican la pesca. Y no es que la pesca sea una mala profesión, es que sencillamente no va con tus planes. *Cuando nuestro medio está en consonancia con nuestro objetivo, llegar a la meta es mucho más segura*.

El asunto es que en ocasiones tenemos que sacrificar ciertas emociones y hasta nuestro actual estilo de vida para llegar hasta nuestro objetivo. Te van a criticar por actuar diferente a los demás, por romper el hielo e ir tras tus metas, pero debes ser firme. *La mayoría de la gente piensa en cambiar su estilo de vida, pero solo unos pocos se atreven realmente a tomar acciones para hacerlo*.

El medio social donde te desenvuelves puede ayudarte o también puede ser un obstáculo. Debes razonar de forma independiente y no convertirte en un simple repetidor, observar lo que hay detrás, saber por qué funcionan las cosas y no reaccionar como aquel grupo de monos que fueron colocados en una jaula con un pequeño orificio en la parte superior. Cada cierto tiempo alguien hacia descender por el orificio un racimo de guineo y cada vez que los monos saltaban para tomarlo, le echaban una cubeta de agua fría. Todos los días se repetía la misma acción, al poco tiempo cuando colocaban el racimo de guineo ningún mono se atrevió a saltar para tocarlo. Cuando el racimo de guineo volvía a descender, todos sencillamente se miraban entre sí. En ese momento ya era tiempo de hacer un cambio y consistía en sustituir a cada uno de los monos por otros que no habían estado en ese grupo.

> **Las pruebas y dificultades solo producen resistencia cuando entendemos que las situaciones adversas que vivimos son parte de un proceso, no del final.**

Cuando introdujeron al primero, volvieron a colocar el racimo de guineo y a diferencia de las ocasiones anteriores, solo ese mono saltó para tomar su codiciado fruto. No hubo que echar otra cubeta de agua, los demás monos le tomaron por brazos y pies y lo empujaron hacia el piso. Así fueron cambiando a cada uno de los monos e introduciendo el racimo de guineo. Siempre que ocurría la misma acción, el mono que entraba al grupo, saltaba y los demás le impedían tomar su alimento. Cuando finalmente todos los monos fueron sustituidos, el racimo de guineo bajaba, pero ninguno reaccionaba para tomarlo, a pesar de que a ese grupo no se le había echado el agua fría.

Cuando terminó todo aquel experimento, quedó un grupo de monos que no comían guineo, *pero ninguno sabía la razón*.

A veces nosotros reaccionamos como esos monos, repetimos ciertas conductas, tomamos decisiones basados en lo que hemos visto en nuestro medio. Queremos repetir lo que otros han hecho, pero en el fondo no sabemos los verdaderos motivos. Por eso la gente le teme a salir de su zona de confort. Aquel espacio donde nos sentimos seguros, de que todo está bajo control. Cuando decidimos cambiar de entorno estamos arriesgando esa "seguridad" emocional y eso es lo que nos causa estrés.

En estos momentos ya tienes las herramientas para empezar. Cuentas con la virtud más grande que Dios le ha dado al ser humano, el poder de elegir y lo más importante es que ahora mismo puedes hacerlo; ya has elegido muchas cosas importantes en tu vida. Te puedo recordar algunas de ellas: elegiste adquirir este libro porque lo consideraste interesante, elegiste leerlo precisamente ahora porque lo consideraste oportuno, elegiste ampliar tus conocimientos porque necesitas un cambio. *Pero como todo en la vida, la información sin acción se queda en una simple ilusión. Cuando tomamos el conocimiento y lo llevamos a la práctica es cuando realmente avanzamos.* No te voy a decir que al tomar decisiones importantes todo te va a salir bien desde el principio, con esto estaría faltando a la verdad. Probablemente el resultado de tus decisiones podría hacerte vivir la experiencia de la Ostra. Aquel molusco marino que a juzgar por su apariencia pareciera una simple piedra del mar. Sin embargo, dentro de esa carcaza se genera uno de los procesos más estudiados por los biólogos marinos.

Se dice que un elemento, presumiblemente un pequeño grano de arena, entra al cuerpo blando de la Ostra, así como cuando cae una paja en nuestro ojo. Le molesta, la fastidia, le duele, quiere sacársela pero no puede. Así transcurre el tiempo, con dolor, con malestar hasta que se va acostumbrando y transcurren los años. Un día alguien decide sacar a la Ostra del agua y al abrirla: ¡Sorpresa! Una hermosa y delicada perla valorada en miles o millones de dólares.

Lo que la gente desconoce es que esa hermosa perla le costó a la Ostra muchos años de dolor y sufrimiento, pero al final entregó el resultado. El dolor siempre va a estar presente en muchas decisiones que tomemos. En ocasiones será inevitable sentirlo y me atrevo a decir que ya forma parte de nuestras vidas, llega de forma voluntaria o por accidente. Pero el sufrimiento es una decisión. Podemos elegir albergarlo en nuestros corazones, sacarlo para siempre o simplemente no darle entrada. Esa es la gran diferencia entre las personas sufridas y las que sienten dolor. Lo mejor de todo es que en estos momentos puedes liberarte, anda, háblale a tu sufrimiento y dile: ¡Ya basta! ¡Se acabó! ¡Te ordeno salir de mi vida! ¡Ahora seré quien me merezco ser!

Tomar esas decisiones conlleva un alto nivel de determinación, pero al final y después del tiempo podrás ver los valiosos resultados. Por eso te invito en este momento a meditar en tu entorno, si te está ayudando favorablemente en el desarrollo de tu vida o simplemente no te deja avanzar. Piensa en tu lugar de trabajo, donde vives, las amistades que tienes, donde te congregas, en fin, todo tu círculo y evalúa si realmente es lo que quieres. Medita seriamente en estos asuntos para que puedas mejorar tu vida. Tal vez será necesario vivir la experiencia de la Ostra, pero recuerda que al final serás una hermosa y delicada perla.

Capítulo 4

CAMBIA TUS MIEDOS

"El miedo siempre está dispuesto a ver las cosas peor de lo que son".

Tito Livio (59 AC-64 AC) Historiador romano.

Fue una semana lluviosa, pero ese domingo amaneció soleado. Pensé que al fin íbamos a tener un descanso. De repente, al transcurrir las horas de la mañana, las nubes negras comenzaron a juntarse. Transcurría el mes de abril, cuando no se espera ese tipo de condición meteorológica en la ciudad de Santo Domingo. Pero así es República Dominicana, un país tropical donde el mejor día soleado, de repente se puede convertir en un día lluvioso. Desde tempranas horas de la mañana estaba organizando las ideas de mi presentación, pues esa tarde iba a dictar una conferencia a un grupo de estudiantes de la Universidad Adventista Dominicana. Después de haber revisado todo el contenido, mi familia y yo salimos en un solo vehículo, pues mi esposa me había pedido que la llevara junto a los niños a la casa de unos amigos hasta que yo regresara de la actividad. La lluvia no se detenía, las avenidas estaban mojadas y uno de mis principales temores era, entre otras cosas, llegar tarde a la conferencia. Era mi primera vez en esa universidad y no podía permitir que eso ocurriera.

Mi mente no se enfocó en posibles alternativas, sino más bien en las consecuencias, así que, al doblar por una calle, próximo a la casa de nuestros amigos noté que los vehículos que iban delante de mí estaban desviándose por otra ruta. Cuando me acerqué me di cuenta que había un enorme charco de agua. En mi afán por no tomarme más tiempo, pensé que si continuaba en la avenida mi vehículo podría cruzar, llevar a mi familia y continuar con mi objetivo. Así que no lo pensé dos veces. En la medida que avanzaba, veía como mi vehículo se sumergía cual submarino en alta mar. De pronto mis pies comenzaron a sentir algo mojado, el motor comenzó a fallar y después de batallar por unos segundos, finalmente se apagó.

Mi peor pesadilla apenas acababa de comenzar. Allí estaba con mi esposa y mis dos hijos en medio de un charco de agua y sin poder salir. Les confieso que dentro de mi mente culpé a mi esposa por querer ir a visitar a nuestros amigos antes de mi presentación. Culpé a mis hijos porque a ellos siempre les gusta salir, me culpé a mí mismo por no tomar la decisión correcta y finalmente culpé a Dios por permitir que por primera vez y en el peor momento mi vehículo fallara. Sin embargo, toda esa culpa no me ayudó a resolver la situación. Mientras acusaba a todos, el agua continuaba subiendo y las cosas seguían empeorando. Y ahora quiero hacer un paréntesis, porque es muy probable que experiencias como estas se repitan en nuestras vidas, pues aquellas cosas que más tememos, a veces es lo que más rápido acontece. Pero cuidado, con esto no te estoy diciendo que ocurre por efectos de "la ley de la atracción". Tengo mis reservas sobre esa teoría, lo que si es cierto es que cuando tenemos temor ante ciertas cosas, nuestra mente no puede expandirse en busca de una solución, se bloquea y genera un efecto defensivo más que ofensivo. En otras palabras, se prepara para perder en lugar de ganar y de manera indirecta nos lleva a tomar decisiones que van en contra de lo que realmente queremos. Entonces cuando eso que tememos ocurre, en vez de centrarnos en buscar soluciones, nuestra mente se concentra en culpar a los demás. Mientras estamos en ese estado de defensa, las lluvias de las dificultades continúan cayendo, el agua de los problemas empieza a ahogarnos y perdemos de vista nuestro verdadero objetivo. Y esa es la razón por la que muchas veces vivimos estancados y llenos de problemas que no podemos resolver, porque no sabemos enfrentar adecuadamente nuestros miedos. Recuerda esto:

> **Nuestros temores dimensionan los desafíos que tenemos por delante, nos paraliza y nos prepara para el fracaso.**

> *Ten cuidado de lo que temes, tal vez será lo primero que tendrás que enfrentar.*

En nuestro subconsciente nos preparamos para perder, aunque creamos que vamos a   ganar. Invertimos más energía en aquello que nos produce temor, que en aquello que nos produce satisfacción. Salimos a buscar empleo con la esperanza de encontrar algún trabajo, pero en nuestro subconsciente aun suenan las razones por las cuales ya no tenemos el antiguo trabajo. Tratamos de instalar nuestras propias empresas, pero no dejamos de pensar en aquellas personas que han fracasado en el intento. Nos enamoramos de alguien que llamó nuestra atención, pero continuamos creyendo que nos puede traicionar. En fin, el sentido de derrota resuena en nuestro interior diciéndonos que no lo vamos a lograr y cuando le creemos, entonces tiene razón. Por eso se le atribuye al historiador romano Tito Livio lo siguiente:

"El miedo siempre está dispuesto a ver las cosas peor de lo que son".

Nuestros temores dimensionan los desafíos que tenemos por delante, nos paraliza y nos prepara para el fracaso. Recuerdo que mientras estaba en medio del charco de agua, culpaba a todos por mi situación. Mi mente no generaba una solución ante el problema. Después miré en mis adentros y dije: culpando a los demás no voy a salir de aquí. Así que pensé rápidamente y llamé con mi teléfono móvil a mi amigo, el cual en solo minutos llegó con refuerzos y nos sacaron de en medio del "lago" que se había producido por las lluvias. Finalmente se suspendió la conferencia, pero aprendí tres grandes lecciones:

"Cuando estoy frente a cualquier situación, trato de buscar el lado positivo y pienso que todo va a salir bien".

Eso no significa ignorar las señales de alerta, no evaluar los riesgos o dejar de mejorar algo antes de tomar una decisión. Lo que quiero precisar es que si voy a buscar una oportunidad laboral, instalar una empresa, pedir un aumento de salario, conquistar el amor de una persona o cualquier otro objetivo en la vida, debo pensar positivamente. *"Tener una mentalidad positiva es creer que las posibilidades que tengo de lograr algo son mayores que la posibilidad de fracaso"*. Y eso inicia con nuestra actitud mental, por eso se le atribuye al gran empresario norteamericano Henry Ford la famosa frase:

"Si crees que puedes, como si piensas que no puedes, en ambos casos estas en lo cierto".

Ese domingo lluvioso, cuando salí de mi casa a dictar la conferencia, lo único que pasaba por mi mente era: voy a llegar tarde, tal vez los participantes no van a asistir, habrá mucho tráfico, en fin... Me preparé mentalmente para el fracaso, en vez de prepararme para el éxito. Finalmente, como decía el Sr. Ford, yo estaba en lo cierto.

De manera inconsciente estaba cumpliendo con uno de los principios del famoso Ingeniero Aeroespacial Edward Aloysius Murphy, nacido en el canal de panamá, pero nacionalizado estadounidense, el cual trabajó en importantes proyectos de seguridad para el gobierno norteamericano, a quien se le atribuye el principio:

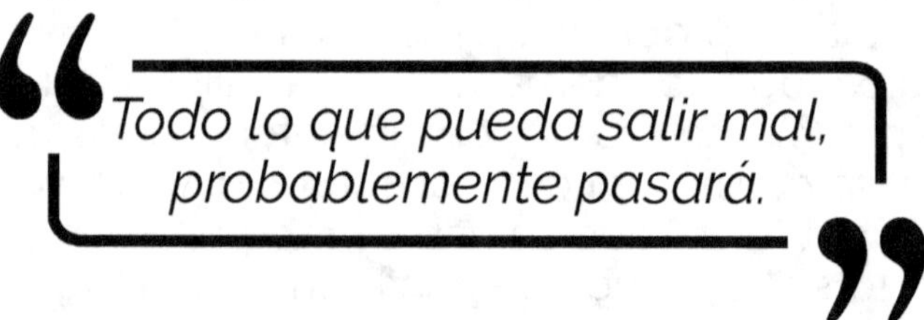

El enunciado ha sido interpretado de muchas maneras. La forma como lo entiendo es que, si dejas abiertas las posibilidades de que algo malo pueda pasar, probablemente va a pasar. Tal vez sea una actitud pesimista, pero me hace sentido. Debemos tratar de reducir los riesgos de que algo salga mal para que no ocurra. Sin embargo, donde realmente difiero es en el enfoque. Es decir, tengo que reducir riesgos, pero debo pensar en que todo va a salir bien. Así mi mente y mi cuerpo se sincronizan positivamente más en lo que deseo lograr, que en lo que no quiero que ocurra.

Es lo que ha funcionado a lo largo de la historia. Los miedos se enfrentan con una actitud positiva. No podemos pensar que si tenemos amenazas de una catástrofe, va a ocurrir de forma inminente. Hay que prepararse y estar atentos, porque la amenaza probablemente sea seria, pero nuestra apuesta debe ser a lo bueno, a lo que nos conviene, al bienestar de todos.

"Cuando nuestra ansiedad hacia aquello que nos produce miedo no está en su justa dimensión, es cuando tomamos malas decisiones".

Nos dejamos llevar por lo que no tenemos control y el instinto salvaje nos traiciona. Entonces caemos en lo más bajo y solo desde allí es cuando razonamos que debimos esperar un poco más.

¿Cuantos internos no estarían hoy en las cárceles, solo por no darse un poco más de tiempo y creer que las cosas podrían cambiar? ¿Cuantas personas estarían hoy con vida, si sus agresores hubiesen pensado en buscar una solución pacífica? ¿Cuantos matrimonios hoy estarían unidos, y los niños sin necesidad de ir a terapia psicológica, si solo hubieran doblegado su orgullo y cada uno se hubiese enfocado en las cosas positivas que los hacían felices?

> **Tener una mentalidad positiva es creer que las posibilidades que tengo de lograr algo son mayores que la posibilidad de fracaso.**

Definitivamente necesitamos un cambio de enfoque, debemos cambiar la forma como enfrentamos nuestros miedos si queremos una mejor sociedad.

Nuestra actitud es la protagonista de esta película, si el desempeño fue bueno, obtendremos un Oscar. En cambio, si no re direccionamos nuestra actitud, no obtendremos los mejores resultados.

 **2** *"Culpar a los demás, solamente añade frustración y nos inhabilita para encontrar soluciones".*

La mejor lección para este enunciado lo encontré en las Sagradas Escrituras en ocasión de la caída del hombre. El relato bíblico dice que Dios había colocado a la primera pareja en un hermoso huerto. El propósito era que lo labrara y que disfrutara de todo su hermoso paisaje; la condición para estar ahí era que debían obedecer la instrucción de no comer del árbol que estaba en medio del huerto. La mayoría de los estudiosos de la Biblia coinciden en que el árbol no tenía nada de especial que lo hiciera tan diferente de los demás. Simplemente era una señal de obediencia, para que el hombre entendiera que en cualquier sociedad deben existir leyes para que las cosas funcionen y se garantice el respeto a los demás. El problema surge cuando la esposa de Adán incumple con el requerimiento que Dios le había dicho y no solamente falla en obedecer, sino también que incita a su esposo, el cual conjuntamente a ella desobedece la orden expresa de Dios de no comer del fruto del árbol. Entonces se cumple el principio de la acción y reacción, o mejor conocida como la tercera ley de Newton la cual establece lo siguiente:

"Siempre que un objeto ejerce una fuerza sobre un segundo objeto, este ejerce una fuerza de igual magnitud y dirección pero en sentido opuesto sobre el primero".

Quizás esta declaración tenga una connotación muy propia de la física, pero en palabras simples, lo que significa es que toda acción trae una reacción. Las decisiones que tomamos traen consecuencias y debemos ser lo suficientemente responsables para asumir los riesgos y no echarle la culpa a otros. Eso fue lo que ocurrió con nuestros primeros padres. Al ser llamados para dar cuenta de su desobediencia empezaron a culparse uno a otro.

Ninguno quería asumir su responsabilidad. Veamos como dice el relato bíblico en el libro de Génesis capítulo 3:

9 Mas Jehová Dios llamó al hombre, y le dijo: ¿Dónde estás tú?

10 Y él respondió: Oí tu voz en el huerto, y tuve miedo, porque estaba desnudo; y me escondí.

11 Y Dios le dijo: ¿Quién te enseñó que estabas desnudo? ¿Has comido del árbol de que yo te mandé no comieses?

12 Y el hombre respondió: La mujer que me diste por compañera me dio del árbol, y yo comí.

13 Entonces Jehová Dios dijo a la mujer: ¿Qué es lo que has hecho? Y dijo la mujer: La serpiente me engañó, y comí.

Fíjate que, como una partida de baloncesto, se estaban pasando la pelota de la culpa uno a otro. Adán dice que Eva fue la culpable por darle del fruto, Eva dice que la serpiente fue la culpable porque la engañó, y finalmente la "culpa" cae indirectamente en Dios, quien creó a la serpiente y a todos los que estaban ahí.

 Evidentemente, sabemos que el hombre y su mujer fueron los responsables por no obedecer, pero mientras se discutía la situación nadie quería asumir su responsabilidad. **Por eso Dios en vez de culpar, empieza a solucionar.**

Veamos lo que dicen los versos finales del relato bíblico:

14 Y Jehová Dios dijo a la serpiente: Por cuanto esto hiciste, maldita serás entre todas las bestias y entre todos los animales del campo; sobre tu pecho andarás, y polvo comerás todos los días de tu vida.

15 Y pondré enemistad entre ti y la mujer, y entre tu simiente y la simiente suya; ésta te herirá en la cabeza, y tú le herirás en el calcañar.

16 A la mujer dijo: Multiplicaré en gran manera los dolores en tus preñeces; con dolor darás a luz los hijos; y tu deseo será para tu marido, y él se enseñoreará de ti.

17 Y al hombre dijo: Por cuanto obedeciste a la voz de tu mujer, y comiste del árbol de que te mandé diciendo: No comerás de él; maldita será la tierra por tu causa; con dolor comerás de ella todos los días de tu vida.

18 Espinos y cardos te producirá, y comerás plantas del campo.

19 Con el sudor de tu rostro comerás el pan hasta que vuelvas a la tierra, porque de ella fuiste tomado; pues polvo eres, y al polvo volverás.

20 Y llamó Adán el nombre de su mujer, Eva, por cuanto ella era madre de todos los vivientes.

21 Y Jehová Dios hizo al hombre y a su mujer túnicas de pieles, y los vistió.

22 Y dijo Jehová Dios: He aquí el hombre es como uno de nosotros, sabiendo el bien y el mal; ahora, pues, que no alargue su mano, y tome también del árbol de la vida, y coma, y viva para siempre.

23 Y lo sacó Jehová del huerto del Edén, para que labrase la tierra de que fue tomado.

24 Echó, pues, fuera al hombre, y puso al oriente del huerto de Edén querubines, y una espada encendida que se revolvía por todos lados, para guardar el camino del árbol de la vida. **"**

¿Te fijaste en el orden como Dios empieza a solucionar el problema? Démosle un último vistazo. Tal como ocurre en una partida de baloncesto, Adán le pasa la pelota de la culpa a su mujer, ella se la pasa a la serpiente, y como Dios no habla con animales, termina el juego y empieza a resolver de atrás para adelante. Sentencia primero a la serpiente sin mediar palabras, luego a Eva, después a Adán.

Todo esto, mientras aún permanecen dentro del huerto. Después Dios los cubre con "túnicas de pieles" (verso 21). Es decir, no los deja desnudos, sin esperanza. Alguien tuvo que morir en lugar de ellos, pues ya Dios había dicho que el día que coman del árbol debían morir (Ver Génesis 1:16,17) y ese día no murieron. Los estudiosos de la Biblia concluyen que las túnicas de pieles usadas para vestir a la pareja fue el resultado de un cordero que murió en lugar de ellos, representando el sacrificio de Cristo, quien se entregó como cordero cientos de años más tarde por los pecados de todos nosotros. Luego de darle esa esperanza, entonces los saca del huerto. Es decir, Dios primero soluciona el problema mayor (los libra de la muerte) y luego los saca de su hogar a consecuencia de su falta. Aunque en ese momento Adán y Eva perdieron el huerto, se fueron con la esperanza de que algún día volverán a estar ahí. ¡Qué bonito ejemplo para la resolución de conflictos nos ha dado Dios en las sagradas escrituras!

Cuando estamos frente a una situación difícil, ¿nos enfocamos en buscar culpables o en una solución? Lo que hagas determinará si obtendrás lo que realmente conviene.

"Por más que nos esforcemos, siempre hay cosas que no estarán bajo nuestro control"

Luego que mi amigo me ayudó a sacar el vehículo del agua, se ofreció a llevarme hasta la universidad donde tenía que dictar la conferencia. Con gusto acepté su oferta, pero mientras íbamos de camino, nos comunicamos con los responsables de organizar el evento; les expliqué mi situación, ofrecí mis disculpas y finalmente logramos posponer la actividad. Entendieron que el día no era el más indicado debido a las constantes lluvias y pudimos realizar la conferencia en otra fecha y con un público mucho más grande.

Desde entonces, he aprendido que afanarse tanto por las circunstancias, a veces nos hace perder la razón y tomar decisiones equivocadas. Mientras me preocupaba por querer llegar a tiempo, ya la universidad tenía en planes cancelar el evento por la situación meteorológica.

Aunque en ese momento lo había olvidado, luego me acordé de las palabras de Jesús cuando dijo:

> *Así que, no os afanéis por el día de mañana, porque el día de mañana traerá su afán. Basta a cada día su propio mal".* (Mateo 6:34)

Todavía sigo dictando conferencias en mi país y alrededor del mundo, pero cuando tengo que tomar un vuelo y este se retrasa, o si por alguna otra circunstancia me tengo que quedar en algún aeropuerto más tiempo del planificado, simplemente trato de hacer de esos momentos los más agradables de mi vida, ya sea leyendo un buen libro o conociendo los atractivos del lugar. Cuando las cosas no están bajo mi control, una de mis mejores terapias es repetir la promesa que dice:

"A los que aman a Dios, todas las cosas les ayudan a bien". (Romanos 8:28)

Capítulo 5

LA RESILIENCIA: CATALIZADORA DEL CAMBIO

*"El desdichado no tiene otra medicina
que la esperanza"*

*William Shakespeare (1564-1616)
Escritor británico.*

Resiliencia es la capacidad que tienen las personas de sobreponerse a períodos de dolor emocional y situaciones adversas. Aunque la psicología se ha apropiado de este concepto, originalmente su significado proviene de la física y esta la define como la capacidad que tienen algunos metales y otros objetos para doblarse y luego volver a su posición original. La Resiliencia en sentido general juega un papel determinante cuando enfrentamos cambios negativos en nuestras vidas.

No es posible desarrollar el tema de la resiliencia sin mencionar a la persona que estableció las bases y ha contribuido al auge de esta disciplina. Hay consenso en los psicólogos norteamericanos que la Dra. Emmy Elizabeth Werner ha sido de mucha ayuda en el desarrollo de esta teoría. Nacida el 26 de mayo de 1929 en Eltville, Alemania. Provenía de dos familias, una alemana y otra francesa. Su amor por la lectura en ambos idiomas fue su principal pasión. Su escolaridad básica fue muy irregular, pues se desarrolló en medio de los bombardeos de la 2da. Guerra Mundial, entre suspensión de clases, muertes de amigos cercanos y traslados de un lugar a otro. En medio de las dificultades, ya para el año 1950 finalizaba sus estudios en la Universidad Johannes Gutembert en Maguncia, Renania-Palatinado, Alemania y para 1952 emigra a los Estados Unidos donde 10 años después adquiere la nacionalidad. Obtuvo su doctorado en la universidad de Nebraska-Lincoln y también realizó estudios de postgrado en la universidad de California-Berkeley.

Además de sus merecidos honores como profesora emérita en la Universidad de California, uno de los trabajos que la ha catapultado mundialmente fue su investigación realizada en una isla de Kauai en Hawai, donde demostró que a pesar de que las personas estuvieran, a priori, condenadas a presentar problemas futuros, era posible revertir esta situación para conseguir llevar unas vidas exitosas. Su trabajo ha sido publicado bajo el título: "Vulnerable but Invencible. A Longitudinal Study of Resilient Children and Youth". Su estudio comenzó con una muestra de 700 niños recién nacidos que provenían de familias en condiciones desfavorables, con enfermedades, desnutrición, abuso infantil, alcoholismo y otros males. Creía que tras 30 años de seguimiento iba a obtener informaciones que confirmaran que esos niños expuestos a esos entornos desfavorables, podrían desarrollar patologías de cualquier índole. Y acertadamente, gran parte de la muestra confirmó su hipótesis. La sorpresa la obtuvo cuando el 30% de los niños observados no desarrolló ninguna de las patologías esperadas, sino que vivían una vida completamente normal. Al profundizar sobre esas personas pudo encontrar que todas tenían algo en común: *"tenían una figura de apego que les aceptaba de forma incondicional"*.

Con esta base, muchos especialistas de la conducta y salud mental, también han desarrollado ideas sobre el hecho de que una persona, aunque haya crecido en circunstancias adversas o simplemente la vida le haya cambiado drásticamente por algún acontecimiento irreversible, puede retomar el rumbo y ser alguien promisorio.

> **Saber perdonarnos y no convertirnos en nuestros propios verdugos es el primer paso para iniciar una nueva vida.**

Se ha comprobado que la mayoría de las personas que cometen suicidio, al revisar sus antecedentes y cartas dejadas, los investigadores concluyen que el común denominador es la falsa creencia que tienen de que nadie los ama, que son un parásito en la sociedad, que no van a recibir perdón, que no van a poder pagar sus deudas, que no van a recuperar lo perdido, que nadie los puede perdonar, en fin… un sinnúmero de cosas más. Individuos que han perdido sus esperanzas y entienden que poniendo fin a sus vidas y en ocasiones las de los demás, es la manera de tranquilizar sus conciencias y terminar su sufrimiento. Pero nada más lejos de la realidad. Es cierto que como seres humanos vamos a reaccionar con tristeza por las situaciones que nos ocurren, también es cierto que no vamos a obtener lo que ya teníamos. Pero también es cierto que solamente con vida es que tenemos la oportunidad de convertir nuestras tristezas en alegría, que podemos obtener más de lo que perdimos, que podemos disfrutar de las personas que realmente nos aman y nos aceptan tal como somos. Que siempre hay espacio para otra oportunidad; solo que no debemos esperar que venga de afuera, esta debe originarse en nosotros mismos. Es una decisión que solo depende de ti. Y es por eso que en ocasiones nos encontramos en un laberinto sin salida, esperamos que la oportunidad sea externa, que alguien nos acepte, que nos perdone, que nos de su aprobación, cuando donde realmente debe comenzar es en nosotros mismos. ***Saber perdonarnos y no convertirnos en nuestros propios verdugos es el primer paso para iniciar una nueva vida.***

En otras palabras, si no te perdonas a ti mismo, nunca podrás ver el perdón que te ofrecen los demás. Vivir constantemente lamentándote y pensando en lo que fuiste, simplemente agrega más carga emocional a tu vida. Por eso, si quieres volver a ser mejor de lo que fuiste y convertirte en alguien resiliente debes comenzar a reestructurar tus recursos psicológicos en función de las nuevas circunstancias y de las nuevas realidades que tienes.

¿POR DONDE COMENZAR?

Dándote otra oportunidad. Sencillamente puedes decirte: "sé que no estuvo bien lo que hice, afecté a muchas personas. Sin embargo, me perdono y ahora seré alguien diferente, me daré otra oportunidad". A partir de ese momento, ya no tendrás una vida dura. ***Para las personas que son resilientes, el concepto de vida dura no existe***. Con frecuencia he escuchado a personas que, al preguntarle cómo se sienten, responden: "Mal, pero usted no tiene la culpa" o "Aquí sobreviviendo al tiempo". Otros dicen: "cruzando el mar en esta balsa". En fin, cada día se auto condenan con sus palabras. No se imaginan que cada vez que repiten su mala situación están declarando su destino. Ese es el poder que tienen las palabras. Cada vez que la decimos nuestro subconciente las almacena y nos la recuerda constantemente. El verdadero cambio debe comenzar en la forma como respondemos.

Es decir, en vez de responder: "estoy mal" o "mi vida está hecha pedazos". Podemos decir: "estoy pasando por un mal momento" o "en esta etapa de mi vida las cosas no están bien". Lo cual significa que no estoy obviando lo que me está ocurriendo, pero al agregar: "estoy pasando" o "en esta etapa", estoy programando mi cerebro para que entienda que las cosas van a mejorar. De esa forma vamos abriendo el camino hacia donde realmente queremos llegar.

En una ocasión presentaba el tema de la resiliencia en una emisora de radio, donde cada jueves tenía la responsabilidad de llevar una sección de economía y finanzas, solo que en ese momento hablaría sobre la Resiliencia Financiera. Es decir, la capacidad que tienen las personas de recuperarse económicamente, luego de haber pasado por la quiebra.

En ese momento uno de los locutores me preguntó si la resiliencia era algo genético. Me gustó mucho su pregunta porque una de las excusas que veo con frecuencia en las personas no resilientes es que quieren justificar su condición culpando a sus padres. Es la mejor manera de no hacerse responsables de sí mismos y tener una excusa ante su falta de éxito. Le respondí que según los estudios realizados hasta el momento, la resiliencia es aprendida como cualquier otra disciplina en la vida. El hecho de que mis padres no hayan tenido éxito financiero, no significa que necesariamente yo tenga que ser un fracasado. De igual manera, si mis padres hubiesen sido financieramente exitosos, tampoco es una garantía de que yo iba ser igual que ellos. Tenemos ejemplos de grandes empresarios que al jubilarse y transferir los negocios a sus hijos, estos los quebraron. También de hijos que, al recibir los negocios de sus padres en situaciones financieras difíciles, pues los echaron adelante y prosperaron.

Según datos globales, publicados hace unos años por una firma internacional de auditores y asesores financieros, las empresas familiares representan entre el 70% y el 90% de los negocios. Sin embargo, a pesar de su destacado rol en la economía de un país, es común que la mayoría de ellas afronte, sin garantía de éxito, el reto de la sucesión y la permanencia. Otros estudios muestran que en el mundo, solo un tercio de las organizaciones familiares llega a la segunda generación y apenas el 13% logra sobrevivir hasta la tercera generación. Más allá, que la empresa continúe en manos de los bisnietos, es una quimera, porque únicamente el 1% de estas compañías lo consigue.

Con esto no quiero ignorar el papel de los padres en la formación y la influencia que ejercen sobre sus hijos. La idea principal que quiero transmitir es que tú decides qué hacer con tu vida, con tus bienes y las cosas puestas bajo tu responsabilidad. Puedes continuar creyendo lo que tus padres te enseñaron, puedes modificarlo o bien puedes desecharlo. Lo que no podemos es malgastar nuestras vidas culpando a nuestros predecesores por una situación que nosotros podemos cambiar. Tampoco debemos olvidar que desde el punto de vista de ellos, tal vez era toda la información que tenían para entonces o simplemente no contaban con los sistemas sofisticados que tenemos hoy y en su ignorancia lo dieron todo por nosotros aunque no de la forma que nos hubiera gustado.

A lo largo de la historia encontraremos personas que ante una situación adversa se han dado por vencidos, pero también encontraremos otras que se levantaron del polvo. Te voy a comentar algunos de mis favoritos:

Stephen Hawking.

A mi juicio ha sido una de las pocas personas que a pesar de su delicada condición de salud, nadie se ha atrevido a referirse a él con el término despectivo de "incapacitado". A pesar de depender al 100% de la ayuda de terceros para poder sobrevivir, se mantuvo profesionalmente activo siendo un buen representante de Albert Einstein en el campo de la física. Desde los 20 años sufría una enfermedad degenerativa que se le conoce como esclerosis lateral amiotrófica que lo deterioró por muchos años hasta ocasionarle la muerte.

El físico británico escribió varios libros que han sido best sellers a nivel mundial, entre los cuales se encuentran: "Historia del tiempo: del big bang a los agujeros negros". "El universo en una cáscara de nuez", entre otros. Su enfermedad lo inmovilizó casi por completo y se comunicaba solo con el movimiento de sus dedos sobre un sintetizador de voz que mediante algoritmos tecnológicos transmitía en voz robótica lo que deseaba comunicar. Recibió varios premios internacionales por sus aportes a la comunicad científica. Aunque sus opiniones acerca de Dios y la creación ponen en conflicto a sus seguidores, fue una persona que sin duda demostró que cuando se quiere alcanzar algo, ninguna enfermedad puede ser un obstáculo.

2 *Tony Meléndez.*

Su nombre original es José Antonio Meléndez Rodríguez, es un guitarrista, compositor y cantante de origen nicaragüense. Célebre por su habilidad al tocar la guitarra con los pies. Lo que más llama la atención es que nació sin brazos. Se cuenta que su madre, mientras estaba embarazada ingirió un medicamento bajo receta médica para calmar las náuseas, sin saber que dicho producto provocaría daños irreversibles en la formación de su bebé. Las mismas consecuencias se observaron en miles de mujeres que utilizaron dicho medicamento. Debido a la precaria situación económica en su país, decide emigrar hacia los Estados Unidos, donde Tony recibe una educación normal basada en principios cristianos. Tiene una vida estable, conduce su vehículo solo con sus pies, está felizmente casado y sus canciones son escuchadas alrededor del mundo. Fue reconocido por el Papa Juan Pablo II como una persona digna de imitar y fuente de inspiración para las futuras generaciones. En una ocasión cuando se le preguntó si él creía en los milagros respondió: "cada vez que veo a alguien con brazos, para mí, eso es un milagro de Dios".

3 *Federick W. Smith*

Nació en Marcas en Mississippi el 11 de agosto de 1944 y se convirtió en el multimillonario fundador de Federal Express. Fue la primera empresa de entrega rápida durante la noche en el mundo y ahora es la empresa más grande en Estados Unidos. La sede de la FedEx es en Memphis, Tennessee y el Sr. Smith ha sido su Director, Presidente y CEO de la compañía. Pero no todo fue color de rosa. En el año 1984 trató de incursionar en un servicio de entrega electrónica para competir con las máquinas de Fax. Dicho negocio no prosperó y dejó pérdidas por cientos de millones de dólares. Sin embargo, el Sr. Smith no se dio por vencido, reorganizó su empresa, se enfocó en lo que ya conocía y con determinación logró sacarla del abismo. Solo para el año 2012 generó más de US$35,000,000,000 en ganancias.

Y Así puedo continuar hablando sobre otros titanes como el famoso Steve Jobs, fundador de Apple, quien luego de crear su propia empresa fue despedido, pero tampoco se dio por vencido. Cuando salió de la compañía estaba muy endeudado, sin embargo, continuó adelante. Más tarde fue reincorporado a Apple y fue donde logró convertirla en una de las empresas más importante a nivel mundial en telefonía y equipos electrónicos con el lanzamiento del primer IPhone. Y ni hablar de la famosa e inspiradora mujer Mary Kay Ash, fundadora de Mary Kay Cosmetics Inc. Una de las empresas que provee miles de empleos a mujeres alrededor del mundo. Luego de abandonar su empleo principal, Mary Kay empezó a escribir y a probar con ciertas fórmulas para el cuidado de la piel. Tuvo que pasar por momentos difíciles, inclusive la muerte de su esposo, pero eso no la detuvo. Siguió adelante y hoy es líder mundial en productos de belleza y cuidado de la piel.

No hay dudas que las dificultades de la vida nos llegan a todos, lo que nos hace diferentes es la forma como reaccionamos, qué decidimos hacer con eso que nos acontece. Si rendirnos y darnos por vencidos o levantarnos, sacudirnos el polvo y volver a intentarlo. No quisiera cerrar este capítulo sin contarte otra historia, solo que no es de épocas recientes. Ocurrió hace más de 2000 años. Es la historia del Rey Ezequías. Un hombre que comenzó a gobernar la antigua ciudad de Judá a los 28 años de edad (2 Reyes 18:1-3). El registro bíblico nos dice que realizó grandes hazañas en favor de su pueblo, entre las que se encontraba la construcción de ciudades para usarla como depósitos (2 Crónicas 32:27-29). También construyó el túnel de Siloé de unos 533 Metros de largo llevando agua directo a Jerusalén (2 Crónicas 32:30); también realizó otras grandes obras. Lo más trascendente de su vida es que cuando estaba en pleno apogeo de su reinado, enfermó gravemente y al parecer le quedaba poco tiempo de vida. La Biblia dice de él lo siguiente:

> *En aquellos días Ezequías enfermó de muerte. Y vino a él el profeta Isaías hijo de Amos, y le dijo: Jehová dice así: Ordena tu casa, porque morirás, y no vivirás (Isaías 38:1).*

¿Te puedes imaginar la reacción de este pobre hombre? ¿No hubiese sido mejor que viva tranquilamente sus últimos días, sin darle esta noticia tan angustiante? Las palabras del profeta Isaías indudablemente sacudirían a cualquier ser humano. Esta situación la hemos visto a lo largo de la historia. Personas que apenas inician sus proyectos de vida o están en la cúspide de sus carreras son declaradas con enfermedades catastróficas o simplemente mueren en circunstancias extrañas. Situaciones que humanamente no tienen explicación lógica.

Te voy a mencionar algunos personajes famosos que al parecer murieron a destiempo. Por ejemplo: la muerte del expresidente de Venezuela, Hugo Chávez, algo inesperado que conmovió la opinión pública mundial; la muerte del expresidente de los Estados Unidos John F. Kennedy y gran parte de su familia. La muerte del artista norteamericano Michael Jackson, del mexicano Juan Gabriel, entre otros. Algunos de ellos tuvieron la oportunidad de ordenar su casa, pero otros no. Al rey Ezequías se le dio esa oportunidad. El mandato fue: "ordena tu casa porque morirás". ¿Qué harías tú ante una sentencia de esa magnitud?

La escritura dice que el rey Ezequías en vez de reunir a su familia y explicarle los asuntos de la sucesión del reino, hizo algo sorprendente, veamos:

> Entonces volvió Ezequías su rostro a la pared, e hizo oración a Jehová, y dijo: Oh Jehová, te ruego que te acuerdes ahora que he andado delante de ti en verdad y con íntegro corazón, y que he hecho lo que ha sido agradable delante de tus ojos. Y lloró Ezequías con gran lloro... (Isaías 38:2,3)

¿Te fijaste bien? En vez de pensar en la herencia, la administración del reino, quien sería su sucesor, el rey hizo *una oración* y pidió a Dios misericordia y sanidad por su vida. Lo que más me sorprende es que el rey Ezequías tuvo respuesta. El relato dice que el profeta Isaías se devolvió y le dijo al rey que sanaría de su enfermedad y que Dios le daría 15 años más de vida. Por eso me sorprende que el común denominador que encontró la Dra. Emmy Elizabeth Werner en su estudio sobre los niños que fueron resilientes era que: *"Tenían una figura de apego que les aceptaba de forma incondicional"*.

No hay dudas que cuando estamos enfrentando situaciones difíciles y no encontramos una solución a nuestros problemas, nos sentimos frustrados y abandonados. Pero déjame decirte que si clamas a Dios en busca de ayuda él vendrá en tu auxilio, no te dejará solo, él te recibe sin condiciones y sin importar la gravedad de su situación.

Las personas que han mostrado ser resilientes a lo largo de la historia, generalmente han manifestado estas características:

a) **Tienen Fe en que las cosas van a cambiar.**

Se ha observado que la espiritualidad y la religiosidad pueden ayudar a algunas personas a ser más resilientes. Al reconocer que hay un Dios por encima de todas las cosas, están conscientes que él no dejará que suframos más de lo que somos capaces de resistir. Pero como escribí anteriormente, ***"La fe solo funciona cuando tú no estás en control de la situación"***.

b) **Conocen sus potencialidades y limitaciones.**

El autoconocimiento es un arma muy poderosa para enfrentar las adversidades y los retos, y las personas resilientes saben usarla a su favor. Estas personas saben cuáles son sus principales fortalezas y habilidades, así como sus limitaciones y defectos. De esta manera pueden trazarse metas más objetivas que no solo tienen en cuenta sus necesidades y sueños, sino también los recursos de los que disponen para conseguirlas.

c) **Les gusta recrear cosas.**

La persona con una alta capacidad de resiliencia no se limita a intentar pegar el jarrón roto, es consciente de que ya nunca volverá a ser el mismo. El resiliente hará un mosaico con los trozos rotos, y transformará su experiencia dolorosa en algo bello o útil. De lo vil, saca lo precioso.

d) **Confían en sus capacidades.**

Al ser conscientes de sus potencialidades y limitaciones, las personas resilientes confían en lo que son capaces de hacer. Si algo les caracteriza es que no pierden de vista sus objetivos y se sienten seguras de lo que pueden lograr. No obstante, también reconocen la importancia del trabajo en equipo y no se encierran en sí mismas, sino que saben cuándo es necesario pedir ayuda.

e) Asumen las dificultades como una oportunidad para aprender.

A lo largo de la vida enfrentamos muchas situaciones dolorosas que nos desmotivan, pero las personas resilientes son capaces de ver más allá de esos momentos y no desfallecen. Estas personas asumen las crisis como una oportunidad para generar un cambio, para aprender y crecer. Saben que esos momentos no serán eternos y que su futuro dependerá de la manera en que reaccionen. Cuando se enfrentan a una adversidad se preguntan: ¿qué puedo aprender yo de esto?

f) No intentan controlar las situaciones.

Una de las principales fuentes de tensiones y estrés es el deseo de querer controlar todos los aspectos de nuestra vida. Por eso, cuando algo se nos escapa de entre las manos, nos sentimos culpables e inseguros. Sin embargo, las personas resilientes saben que es imposible controlar todas las situaciones, han aprendido a lidiar con la incertidumbre y se sienten cómodos aunque no tengan el control.

g) Afrontan la adversidad con humor.

Una de las características esenciales de las personas resilientes es su sentido del humor, son capaces de reírse de la adversidad y sacar una broma de sus desdichas. La risa es su mejor aliada porque les ayuda a mantenerse optimistas y, sobre todo, les permite enfocarse en los aspectos positivos de las situaciones.

En fin, si realmente quieres levantarte, reorganizar tu vida y volver a intentarlo solo estás a distancia de cinco palabras, que las puedes decir ahora:

"Voy a intentarlo otra vez"

LO QUE DEBES CAMBIAR EN LA ADVERSIDAD

"El dolor es inevitable, el sufrimiento es opcional"

Siddharta Gautama

Cuando era niño, nací con una situación delicada de salud. Tenía una hernia inguinal izquierda. La misma me acompañó durante toda mi infancia, adolescencia y parte de mi juventud. Al principio no me molestaba, pero en la medida que estaba entrando en la adolescencia las cosas empezaron a cambiar. A la edad de 12 años participaba en una organización que trabajaba en la formación de jóvenes al estilo Boy Scout. Cocinábamos al aire libre, hacíamos campamentos en bosques, subíamos montañas y amanecíamos al lado del río entre fogatas. Toda esta actividad demandaba mucho esfuerzo físico y fue entonces, que mi situación de salud comenzó a empeorar. Cuando hacíamos largas caminatas, un dolor terrible surgía en mi abdomen que me impedía desarrollar las actividades como todos los demás compañeros. Les comuniqué a mis padres la situación e inmediatamente determinaron que ya era tiempo de ir al médico y tomar una decisión al respecto. Como mi familia era de escasos recursos económicos, mis citas médicas se realizaban en los hospitales públicos.

> **Las dificultades nos pueden llegar de forma inesperada y permanecer por un largo tiempo, sin embargo, lo que decidamos hacer con ellas es lo que realmente nos dará la enseñanza de vida.**

Para esa época había una situación en los centros hospitalarios que aún prevalece en el día de hoy y es la lucha constante de los médicos en exigir al gobierno mejores salarios y beneficios. Desde la perspectiva de ellos, la mejor manera de exigirlo siempre ha sido mediante huelgas o paros de labores en todos los hospitales del país. Esas constantes huelgas o paros no solamente me afectaban a mí, si no también a miles de pacientes que al igual que yo, no tenían los recursos para ir a un hospital privado. Mi situación se prolongó por varios meses, entre citas, análisis y paros.

Recuerdo en una ocasión, después de hacerme todos los estudios de lugar y haber completado el ciclo de los análisis, que finalmente logramos una cita para cirugía. Ese día, mi madre me levantó en la madrugada y nos dirigimos al hospital *Luis Eduardo Aybar.* Al llegar, encontramos el hospital rodeado de policías anti motines y los médicos formando un círculo tomados de las manos dentro del recinto. No era el mejor ambiente para nosotros, así que decidimos devolvernos y ver por la televisión el desenlace de lo que habíamos visto en escena. No esperamos ninguna novedad, pues ya estábamos acostumbrados a ver y escuchar sobre esos enfrentamientos. Es decir, un gran disturbio, gomas incendiadas, bombas lacrimógenas, la prensa y todo un espectáculo entre las demandas de los médicos y la posición del gobierno. Ese día comprendí que si realmente quería resolver mi situación, no debía echarme a llorar o esperar una solución del gobierno, que todavía hoy, cuando han transcurrido más de 25 años, aún no ha sido resuelta. Los médicos siguen haciendo sus paros cuando desean un aumento de salario y los gobiernos que van pasando no terminan de resolver el problema.

Esa situación me costó esperar unos años más con mi delicada condición de salud. Tan pronto adquirí la mayoría de edad, conseguí un trabajo que me proveía un seguro médico privado. Fue entonces que visité un centro médico y finalmente lograron operarme la hernia. Todavía hoy, al mirarme la cicatriz de la cirugía, recuerdo los amargos momentos que viví. Sin embargo, te puedo decir, que cada vez que veía, por televisión, los problemas con los médicos pensaba que mi situación no tenía solución. Todo ese tiempo transcurrido me ayudó a cultivar el valor de la paciencia en el grado más alto. Aprendí a esperar y a aceptar que en ocasiones las cosas no van a salir como uno lo espera.

Las dificultades nos pueden llegar de forma inesperada y permanecer por un largo tiempo, sin embargo, lo que decidamos hacer con ellas es lo que realmente nos dará la enseñanza de vida. Cuando permitimos que el dolor se convierta en sufrimiento, la adversidad aumenta. Bien lo dijo Siddharta Gautama o mejor conocido popularmente como Buda:

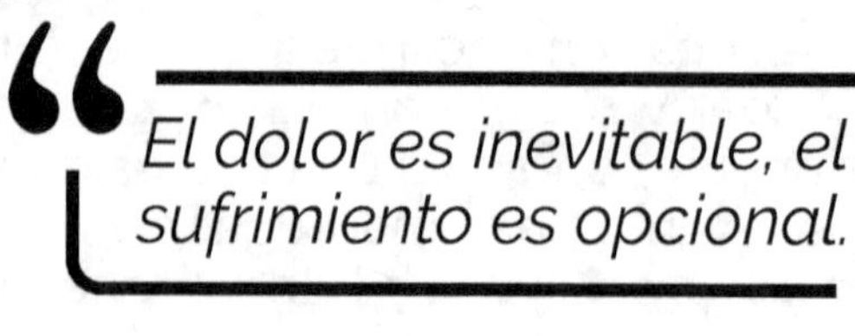

Siempre vamos a tener adversidades. El dolor podrá llegar de forma inesperada, aun así está en nuestras manos si hacemos de esa adversidad una oportunidad para ser mejores. No sé si estoy escribiendo para alguien que su matrimonio no está en su mejor momento, o tal vez para alguien cuya vida pudiera estar al borde de la desesperación y el fracaso. Independientemente cual sea tu situación, te puedo decir que es tu elección sufrir por aquello que te está produciendo dolor. *Saber diferenciar lo que es el dolor, el sufrimiento y la adversidad te dará una nueva visión de cómo enfrentar adecuadamente cada desafío*.

La palabra adversidad, podemos decir, procede del latín "adversitas"; la misma está conformada por las siguientes partes: El prefijo "ad-", que significa "hacia", el vocablo "versus", que puede traducirse como "dado la vuelta" y El sufijo "-dad", que se usa para indicar "cualidad". Es decir, que adversidad es la cualidad de adverso. Este término (adverso) refiere a algo o alguien que resulta desfavorable, contrario o enemigo. La adversidad, por lo tanto, es una situación adversa o difícil de sobrellevar.

> **Saber diferenciar lo que es el dolor, el sufrimiento y la adversidad te dará una nueva visión de cómo enfrentar adecuadamente cada desafío.**

Cuando estamos en medio de la adversidad o más bien, cuando las cosas son contrarias a lo que deseamos vienen como resultado dos elementos que son: el dolor y el sufrimiento. Estas son palabras que se parecen, pero son totalmente diferentes.

El dolor es una reacción emocional que sentimos cuando las cosas no salen de acuerdo a lo que esperábamos. Nos entristece y nos hace nostálgicos. En ocasiones nos advierte que debemos tomar ciertas decisiones. Sin embargo, hay que resaltar que el dolor juega un papel muy importante en nuestras vidas. Si no sintiéramos dolor, un simple diente pudiera gangrenase sin darnos cuenta. Un apéndice infectado podría explotar ocasionándonos la muerte.

Sin dolor, podríamos continuar martillándonos los dedos hasta quebrarlos completamente o simplemente el agua caliente pudiera destruir nuestra piel. Las adversidades también tienen su rol y cuando nos producen dolor es un aviso de que debemos tomar una decisión.

No siempre debemos evitar el dolor, en ocasiones hay que dejar que fluya. Lo que no debemos hacer es permitir que ese dolor nos lleve al sufrimiento o en caso de permitirlo, que sea con un propósito.

El sufrimiento es diferente al dolor. La palabra sufrir viene del verbo "sufferre"; "ferre" quiere decir algo así como: llevar o soportar. Aquí podemos añadir: Llevar o soportar un peso, una mochila que duele. *El sufrimiento es una elección*. Incluso, a veces es una posición de vida. Una manera de mostrarse ante los demás. El sufrimiento puede durar toda la vida, aunque el hecho que lo provocó ya haya pasado. Ante el sufrimiento no solo intervienen emociones, sino que, también intervienen los pensamientos. Siempre estará en nuestras manos controlar hasta dónde vamos a sufrir, pues sobre este aspecto solo tú tienes la última palabra.

No hay nada de malo, ni es sinónimo de debilidad o pecado sentir dolor. De hecho, Dios mismo lo sintió. Observa lo que dicen las escrituras:

> *Y se arrepintió Jehová de haber hecho hombre en la tierra, y le dolió en su corazón. (Génesis 6:6)*

Me sorprendente cómo el mismo creador sintió dolor por la decisión del hombre en elegir el pecado, por encima de la obediencia. Es indiscutible que en esos momentos

Dios estaba atravesando una gran adversidad. ¡Sí, Dios también ha experimentado adversidades! Y la razón era obvia. El hombre que había sido creado completamente perfecto, pero con libertad de elección, decidió elegir la desobediencia. Conociendo Dios el fin desde el principio y todo lo que iba a traer esa decisión, sintió dolor, pero no por un error en la creación, si no por las consecuencias que nos esperaban. El verso bíblico también dice que *"Jehová se arrepintió de haber hecho al hombre"*. Es bueno aclarar que el arrepentimiento expresado aquí, es muy distintito al arrepentimiento que experimentamos los humanos. El arrepentimiento del hombre es un sentimiento que nos embarga cuando tomamos una decisión equivocada. El arrepentimiento de Dios es distinto. Las sagradas escrituras dicen:

> **"** Dios no es hombre, para que mienta, ni hijo de hombre para que se arrepienta… (Números 23:19) **"**

Este versículo podría resultar algo perturbador para muchos creyentes y se presta para decir que hay contradicción en las Sagradas Escrituras. *La realidad es que el arrepentimiento de Dios es simplemente un cambio de parecer según las circunstancias. No un sentimiento derivado de una mala decisión*.

En otras palabras, "Dios no toma malas decisiones". En el principio le había dicho al hombre lo siguiente:

> **"** *Y los bendijo Dios, y les dijo: Fructificad y multiplicaos; llenad la tierra, y sojuzgadla, y señoread en los peces del mar, en las aves de los cielos, y en todas las bestias que se mueven sobre la tierra. (Génesis 1:28)* **"**

Todo esto bajo el entendido que iban a obedecer su palabra y no comerían del árbol prohibido. Pero las circunstancias cambiaron, el hombre desobedeció, el pecado trajo serias consecuencias a la tierra; entonces **Dios cambió de parecer** y decidió lo siguiente:

> *Y dijo Jehová: Raeré de sobre la faz de la tierra a los hombres que he creado, desde el hombre hasta la bestia, y hasta el reptil y las aves del cielo; pues me arrepiento de haberlos hecho. (Génesis 6:6,7)*

Es decir, ante la nueva realidad del pecado, Dios cambió las reglas del juego, decidió restaurar la tierra según el plan original que había diseñado y por supuesto, esto lo hizo mediante el diluvio, pero antes había preparado una vía de escape por medio de Noé, el arca y más tarde por medio de Jesucristo. Observa lo que dicen las escrituras:

> *Sabiendo que fuisteis rescatados de vuestra vana manera de vivir, la cual recibisteis de vuestros padres, no con cosas corruptibles, como oro o plata, sino con la sangre preciosa de Cristo, como de un cordero sin mancha y sin contaminación, ya destinado desde antes de la fundación del mundo, pero manifestado en los postreros tiempos por amor de vosotros... (1 Pedro 1:18-20)*

¿Destinado desde cuando estaba Jesús? Bueno, las escrituras afirman que desde antes de la fundación del mundo. Es decir, que Dios tenía un plan de escape para rescatar al hombre en caso de que ocurriera lo que precisamente ocurrió. Esto puede traer otras interrogantes que desafían el obrar de Dios, como por ejemplo: Si Dios sabía que el hombre iba a pecar, hasta incluso hizo un plan mediante Jesucristo para salvarlo ante esa caída ¿Por qué permitió que el pecado entrara en la tierra? ¿Es Dios tan calculador que nos manipula como robots? Contestar estas preguntas a plenitud, requiere elaborar otro libro. Sin embargo, te puedo decir que el hecho de que Dios hiciera un plan de escape para el hombre y permitiera que el pecado deteriorara la tierra fue básicamente por tres razones que son:

1 ***Dios nos hizo literalmente libres*** para elegir la obediencia o la desobediencia. Por lo tanto fue sabio de su parte tener opciones en caso de que el hombre decida incorrectamente.

2 ***El hecho de haber elaborado un plan de contingencia*** fue básicamente porque nos ama. Pues, si no fuera por la muerte de Jesucristo todos nosotros ya estuviéramos muertos.

3 ***Dios quiere mostrar*** al final de la historia de este mundo, que el dolor, el sufrimiento y todas las cosas feas que ocurren a nuestro alrededor, no son su responsabilidad, a pesar de haber pagado el precio. En el día final, el verdadero responsable tendrá que dar cuenta ante su presencia.

Lo que quiero significar con todo lo antes visto, es que las adversidades se presentan para que tomemos sabias decisiones y Dios nos dio un claro ejemplo de cómo debemos accionar. Lastimosamente muchas personas se quedan petrificadas en medio del torbellino, hacen del dolor todo un sufrimiento y se estancan en un pasado que ya no vale la pena recordar.

La mejor manera de revertir lo que ocurrió, es enfocarte en el presente. Reconocer los errores, aceptar el dolor pero no sufrir hasta el desgaste. El mundo está lleno de oportunidades, todos los días vemos grandes hazañas de gentes que se propusieron ser diferentes. Tú puedes ser una de ellas, ya es hora de levantarte, decidir que esa situación no te va a perturbar más. Hoy tienes una nueva oportunidad, hazla tuya y demuestra que sí puedes.

Descubre el lado positivo y, como el apóstol Pablo, podrás decirlo tal como lo escribió en la 2ᵈᵃ carta a los Corintios, capítulo 4 versos 7 al 18:

7 Pero esta riqueza la tenemos en nuestro cuerpo, que es como una olla de barro, para mostrar que ese poder tan grande viene de Dios y no de nosotros.

8 Así, aunque llenos de problemas, no estamos sin salida; tenemos preocupaciones, pero no nos desesperamos.

9 Nos persiguen, pero no estamos abandonados; nos derriban, pero no nos destruyen.

10 Dondequiera que vamos, llevamos siempre en nuestro cuerpo la muerte de Jesús, para que también su vida se muestre en nosotros.

11 Pues nosotros, mientras vivimos, nos vemos expuestos a la muerte por causa de Jesús, para que también su vida se muestre en nuestro cuerpo mortal.

12 De ese modo, la muerte actúa en nosotros, y en ustedes actúa la vida.

13 La Escritura dice: «Tuve fe, y por eso hablé.» De igual manera, nosotros, con esa misma actitud de fe, creemos y también hablamos.

14 Porque sabemos que Dios, que resucitó de la muerte al Señor Jesús, también nos resucitará a nosotros con él, y junto con ustedes nos llevará a su presencia.

15 Todo esto ha sucedido para bien de ustedes, para que, recibiendo muchos la gracia de Dios, muchos sean también los que le den gracias, para la gloria de Dios.

16 Por eso no nos desanimamos. Pues aunque por fuera nos vamos deteriorando, por dentro nos renovamos día a día.

17 Lo que sufrimos en esta vida es cosa ligera, que pronto pasa; pero nos trae como resultado una gloria eterna mucho más grande y abundante.

18 Porque no nos fijamos en lo que se ve, sino en lo que no se ve, ya que las cosas que se ven son pasajeras, pero las que no se ven son eternas.

El apóstol pablo eligió tomar todo su sufrimiento y experimentar con Jesucristo. Por eso, la decisión de continuar cargando con ese sufrimiento es tuya. En estos momentos puedes poner todo a los pies de Jesús o seguir con ella. El dice en su palabra: "Porque mi yugo es fácil y ligera mi carga". Deja que él tome control de todo lo que te atormenta y vas a sentir cómo tu vida comenzará a fluir.

DONDE ESTÁS NO ES POR COINCIDENCIA

Uno de los grandes deseos que yo tenía desde que era niño, era ser médico. Decía en mis adentros, voy a estudiar medicina para ayudar a esas personas de escasos recursos para que no vivan lo que yo experimenté. Me inscribí en la universidad del estado. Apenas cuando cursaba mi primer año de carrera, los conflictos entre estudiantes y los movimientos rebeldes no tardaron en estallar. Muchos muertos y heridos eran las noticias de primera plana. Ante esa realidad decidí que podía ayudar

a las personas desde otras actividades y fue cuando me trasladé a una universidad privada a estudiar finanzas. Ahora, mediante mis programas de radio, conferencias y libros, llegamos a personas de diferentes partes del mundo brindándole esperanza y un nuevo camino para que reorganicen sus vidas.

Yo también he tenido mis tropiezos y en cada uno he aprendido que a los que aman a Dios, todas las cosas les ayudan para bien. Ahora trato de ser más objetivo, veo el lado positivo de las cosas y me levanto con más energía y nuevas experiencias. Por eso, de ahora en adelante, cuando estés en medio de la adversidad, ten paciencia. Permite que el dolor se manifieste en tu vida pero no te permitas quedarte allí. ¡Sigue adelante, que un gran futuro lleno de cosas buenas está preparado para ti!

Capítulo 7

"UN CAMBIO DE ENFOQUE"

*"Si crees que ya has tocado fondo,
recuerda que puedes usar el suelo
para impulsarte hacia arriba"*

Melvin Féliz

Conferencista Internacional

En el año 2017 tuve el grato privilegio de dictar unas conferencias a todo el personal médico y administrativo del Instituto de la Visión Sureste, en el estado de Tabasco en México. Durante esa semana pude entender que la misión de este centro de salud, además de reestablecer la visión a sus pacientes, también les ayuda a tener otro cambio de visión, pero desde el punto de vista espiritual y psicológico. Cuando algún paciente era sometido a una operación donde ya no podría conservar su ojo o si presentaba serios problemas que ponían en riesgo el restablecimiento de la vista, un personal debidamente entrenado le daba asistencia para ayudarle enfrentar la vida desde otra perspectiva.

En ese lugar presencié por primera vez una operación de cataratas y que sorpresa fue para mí ver cómo los médicos antes de iniciar el procedimiento quirúrgico oraban junto con el paciente para que Dios tomara control de la situación. Por eso no fue extraño ver a cientos de personas esperando para ser atendidos. Al observar a los pacientes veía en sus rostros una luz de esperanza, una nueva oportunidad de enfrentar la vida. Todo esto gracias al cambio de enfoque que tuvieron los administradores de esta institución. Y de eso se trata, no solamente de cumplir con nuestro deber profesional. Siempre hay algo más que agregar. Cuando cambiamos el enfoque de las cosas, pareciera que todo vuelve a nacer. Sin embargo, uno de los grandes desafíos que tenemos, es exactamente lograr ese cambio. Más cuando estamos siendo atribulados o bajo una circunstancia de extrema presión. Pero antes de entrar en detalles, es bueno que definamos el concepto de "Enfoque" y de qué manera podemos administrarlo sabiamente.

Este término se utiliza con frecuencia en el mundo de la fotografía, también en la grabación y edición de videos, entre otras actividades similares. Proviene del verbo enfocar, y significa la acción y el efecto de lograr que la imagen de una cosa que se produce en el foco de una lente, se fije claramente sobre determinada superficie.

Cuando se cambia de enfoque, se compromete la imagen o el objetivo que estamos capturando. Ese cambio puede provocar una mejor claridad y nitidez de la imagen. Pero, si el enfoque no fue el correcto, podría provocar una visión más borrosa y de menos calidad. Este concepto también es utilizado para definir la manera como interpretamos ciertas circunstancias de la vida y sus posibles consecuencias.

> **La flexibilidad para cambiar un punto de vista depende en gran medida de nuestras representaciones mentales.**

Estar enfocado es colocar todas nuestras energías y pensamientos en una determinada situación o en cierto objetivo de vida. Para poder lograrlo, debemos permanecer siempre en esa dirección. Esa postura es correcta. Siempre que vayamos alcanzando nuestras metas progresivamente, no desviarnos, seguir en la misma dirección, no distraernos podrían ser excelentes consejos mientras vamos avanzando. Sin embargo, cuando las cosas no están saliendo de la forma como lo planeamos, cuando los objetivos parecen estar más lejos de nuestra capacidad de espera o incluso, cuando una idea parece no hacernos sentido, un cambio de enfoque podría resultar muy beneficioso, pues nos permite descubrir otros aspectos que originalmente no teníamos previsto y por supuesto, esa nueva realidad nos lleva a tomar nuevas decisiones.

No es tarea fácil cambiar de enfoque. Algunos lo hacen por voluntad propia, otros obligados por las circunstancias y otro grupo de forma inconsciente. En todo caso, *la flexibilidad para cambiar un punto de vista depende en gran medida de nuestras representaciones mentales*. Es decir, la forma como recibimos, clasificamos, procesamos e interpretamos la información que recibimos. Este proceso cambia en la medida que avanzamos en la vida y está relacionado con la formación de nuestro carácter y el entorno donde nos desenvolvemos. Por eso encontrarás en el mundo de los negocios, que frecuentemente, las personas que se dedican a hacer acuerdos, resolver problemas y buscar soluciones tienen una mente más abierta y ofrecen diferentes perspectivas sobre una misma situación. Contrario a las personas que se dedican a ciertos trabajos mecánicos y repetitivos. Su mente se forma en una sola dirección y no ven otros caminos para llegar al mismo destino. Un ejemplo bien práctico es lo que ocurre con el enfoque que tienen los empleados, en contraste con los emprendedores independientes. Para el empleado la mejor manera de tener seguridad de sus ingresos es no cometer errores en su trabajo, no arriesgar su posición haciendo cosas que no están en las políticas establecidas, conocer más que todos los demás sus funciones y llevarse bien con su jefe. El emprendedor tiene otro enfoque. La mejor manera de tener seguridad en sus ingresos es inventando con nuevos productos y líneas de negocio, arriesgándose a tomar dinero prestado apostando a su éxito y contratar personas que sepan más que él. Y por supuesto, diferentes enfoques, diferentes resultados.

Ahora bien, volviendo al origen del cambio de enfoque, te puedo decir que no toda la responsabilidad descansa sobre la persona que recibe, clasifica, procesa e interpreta el contenido. Pues el medio que provee la información también tiene una cuota de responsabilidad. Cuando la información es escasa o no ha sido presentada de forma adecuada, puede provocar que el receptor enfoque el tema de forma errónea o muy diferente a la intención del emisor. Por eso, antes de llegar a conclusiones, es indispensable evaluar el contenido y hacer las preguntas que sean necesarias hasta que estemos completamente satisfechos y listos para dar nuestra opinión.

Cambiar de enfoque o nuestro punto de vista es muy beneficioso, pues nos brinda la oportunidad de descubrir nuevas alternativas además de avanzar con nuestro objetivo de vida. Observar desde una perspectiva diferente, es un gran reto para muchas personas, pues entienden que con el simple hecho de considerar cierta situación ponderando otros resultados, los va a colocar en una situación de riesgo y eso le genera estrés. Y esa es una de las razones por las cuales la gente prefiere quedarse anclado en su punto de vista. El miedo al cambio, salirse de su zona de confort, experimentar cosas nuevas, o deshacerse de tabúes aprendidos en la infancia, son aspectos que a mucha gente le provoca altos niveles de ansiedad.

Al principio de este libro te comenté que gran parte de mi niñez y adolescencia la desarrollé en nuestra casa paterna, que estaba a unos pocos minutos del parque Mirador del Este, en la ciudad de Santo Domingo. Al lado del parque se encuentra uno de los lugares más frecuentados por turistas de todo el mundo. Es una cueva que lleva por nombre: "Parque Nacional Los Tres Ojos". El nombre proviene debido a que luego de descender unos cuantos cientos de metros bajo tierra vas a encontrar tres enormes lagos naturales con aguas cristalinas que datan de cientos de años de antigüedad. Fue descubierto en el año 1916 durante la intervención norteamericana a nuestro país y se estipula que era habitado por aborígenes de la isla antes que la expedición de Cristóbal Colon los extinguiera y tomara todo el oro para llevarlo hacia España a cambio de "hermosos espejos" que les dejó como parte del trato.

Este lugar ha sido utilizado para varios filmes cinematográficos, como por ejemplo el de 1993 cuando se rodó la exitosa película Jurassic Park, bajo la dirección de Steven Spielberg, la cual se llevó tres premios Oscar.

Antes de que este lugar se convirtiera en un polo turístico como lo es en la actualidad, mi padre acostumbraba a llevarme a la parte superior, pues a pesar de tener tres lagos subterráneos que solo pueden apreciarse bajando por una cueva, hay un cuarto lago, el más grande de todos que es el único que puede apreciarse desde afuera. No es cristalino como los demás, es totalmente de color verde. Está rodeado por verjas de metal como medida de seguridad para evitar que la gente baje por medio de todo el bosque que lo rodea.

La tradición cuenta que en ese lago había cocodrilos y que supuestamente unos buzos entraron para explorarlo, pero nunca salieron. Desde entonces, cada vez que mi padre me llevaba a observar el lago, el miedo se apoderaba de mí. Aunque la información de los buzos nunca fue confirmada, cuando tuve la edad de entrar a la cueva, evitaba subirme en la barcaza que cruza de un lado del lago a otro por temor a ser mordido por los supuestos cocodrilos.

Fue luego de muchos años y ver cómo cientos de personas cruzaban y nada ocurría, que decidí romper con mi miedo y aventurarme. Te confieso que el corazón me latía aceleradamente y que a pesar de ser un lugar húmedo por estar bajo tierra, los sudores comenzaron a correr sobre mi rostro. Pero, finalmente logré cruzar. Al regresar me atreví a tocar el agua mientras la barcaza avanzaba hacia el puesto de salida y te digo con toda sinceridad, que fue una de las mejores experiencias de mi vida.

En ocasiones, cambiar de enfoque significa tomar riesgos y abrirse ante nuevas oportunidades. Nuestras posturas, a veces son producidas por ciertas creencias que si las cuestionamos podríamos descubrir que son solo fantasías o ideas sin fundamento que repetimos de generación en generación. No nos arriesgamos a analizarlas porque tal vez provienen de nuestros padres, una tradición o parte de nuestra cultura.

Es como la famosa historia de la joven recién casada que al cocinarle pescado a su cariñoso esposo, él notaba que siempre ella le cortaba la cabeza y la cola sin importar el tamaño. Un día el hombre, bien curioso le pregunta a su adorable esposa: ¿por qué siempre que cocinas pescado, le cortas la cabeza y la cola? Ella, muy segura de sí misma le responde: "Porque así lo aprendí de mi mamá". El joven esposo, no muy conforme con la respuesta, aprovecha otra ocasión y decide preguntarle a su suegra porque ella al cocinar pescado siempre le cortaba la cabeza y la cola, a lo que la suegra le respondió que también lo había aprendido de su madre. El pobre hombre, más perturbado aún, decide hacerle la misma pregunta a la abuela de su esposa. A lo que ella respondió: "Oh mi querido, la razón por la cual yo acostumbraba a cortarle la cabeza y la cola a los pescados era porque nosotros éramos una familia muy pobre y solo teníamos un pequeño caldero donde no cabían los pescados que traía mi esposo. Por ese motivo yo le cortaba la cabeza y la cola para poder cocinarlos en nuestro pequeño embace.

Si te fijas bien, ese tipo de creencias son reproducidas en nosotros y la transferimos de generación en generación sin detenernos a cuestionarlas. Nuestros padres dieron lo mejor de sí para darnos una buena formación, sin embargo, hay creencias que hoy debemos revisarlas. El mundo cambia, el entorno donde aplicaban ciertas cosas en el ayer, hoy pueden resultar muy distintas. Para eso es necesario ser flexibles al cambiar de enfoque. En vez de razonar: ¿por qué no lo hacemos como lo sé hacer? ¿Por qué no mejor decir: qué puede ocurrir si lo hacemos de otra manera? ¿Voy a lograr el objetivo que tengo propuesto? ¿Qué tiempo me va a tomar? ¿Cuáles consecuencias tendré? ¿Qué valor agregado les daré a mis clientes?

> **Cuando crees que ya has tocado fondo, puedes usar el suelo para impulsarte hacia arriba.**

La razón por la que muchas personas cuando están perturbadas por alguna situación difícil en la vida, no salen a flote es porque no miran desde otra perspectiva el desafío que tienen por delante. No quieren cambiar de enfoque. Solo se concentran en las consecuencias de la situación. Caer al fondo es una excelente oportunidad para sacar lo mejor de nosotros. Nos hace menos dependiente de las cosas materiales y nos ayuda a confiar más plenamente en quienes nos pueden ayudar.

Recuerda, *"Cuando crees que ya has tocado fondo, puedes usar el suelo para impulsarte hacia arriba"*. No siempre el fondo es un lugar para los desdichados. Está demostrado que una de las mejores prácticas que nos ayudan a impulsarnos nueva vez hacia nuestro objetivo, es compartiendo nuestras experiencias con los demás. Mantener en silencio nuestras experiencias, sencillamente aumenta nuestro sentimiento de culpa. Nos hace ver como indignos o incapacitados. Aprender de los errores, siempre ha sido uno de los mejores métodos para aliviar nuestras cargas y utilizar nuestras derrotas para beneficio de los demás y de nosotros mismos.

UN BUEN EJEMPLO DE HABER TOCADO FONDO

Unos días antes de escribir este capítulo, vi en las noticias un reportaje que me motivó bastante. Se trataba del Sr. Domingo Ortiz, quien llegó pequeño a Estados Unidos desde la República Dominicana. Estuvo involucrado en el bajo mundo de las drogas, fue arrestado y en 1991 fue condenado a 49 años y seis meses por múltiples cargos de narcotráfico, pandillas, armas, extorsión, Etc. En el último mandato del presidente Barack Obama recibió un indulto. Su amarga experiencia y todo lo que vivió en prisión le ayudaron a relanzar su vida. Con la ayuda de amigos, familiares y allegados instaló el restaurante "El Sabor del Café, Deli Restaurant" en la ciudad de Jersey City, con la asistencia de destacados líderes y activistas locales, y legisladores municipales y estatales. El Sr. Ortiz decidió que su pasado no iba a determinar su futuro. Reorganizó su vida, logró crear confianza y es un vivo ejemplo de que cuando llegas al fondo, puedes usar el suelo para impulsarte hacia arriba.

Reconocer dónde nos caímos, por qué y cómo podemos ayudar a otros a que no cometan los mismos errores es un real ejemplo de lo que es un cambio de enfoque. Ese cambio lo podemos obtener de forma voluntaria o como le pasó a un hombre cuyo nombre era Pablo, el cual tuvo que ser literalmente tumbado de su caballo. Las Sagradas Escrituras cuentan que Saulo, como era el nombre de pila del apóstol Pablo, estaba enfocado en una misión. Torturar, matar y hacer desaparecer a todos los cristianos de su época. Lo peor de todo era, que él pensaba que estaba haciendo lo correcto. Después de pedir autorización para ir a las iglesias de Damasco para apresar a cuantos cristianos pudiera capturar, ocurrió uno de los acontecimientos más resonados del cristianismo. Mientras iba de camino a cumplir con su trabajo, le rodeó una luz que lo tumbó del caballo cuando una voz le llamó y le dijo:

Es sorprendente la forma como Dios utiliza las situaciones más difíciles para darnos una lección. En ocasiones será necesario que nos tumbe del caballo para que podamos mirar al cielo y clamar por nuestra ayuda. Lo mejor de todo, es que cuando estamos en el suelo, es cuando verdaderamente él está más dispuesto a ayudarnos.

El relato bíblico dice que luego de esta experiencia el ahora nombrado Pablo, recibió la vista mediante la ministración del discípulo Ananías y, desde ese momento se comprometió a servir a Dios. El enfoque del apóstol cambió radicalmente. Pasó de ser un perseguidor a perseguido. Tanta era la influencia negativa que tenía Pablo, que en las iglesias no creían sobre su conversión al cristianismo. Fue después de un tiempo que la gente comenzó a creer y confiar que no era una farsa. Su propia vida fue un real testimonio de que Dios puede transformar los corazones más duros y resentidos.

Tal vez has cabalgado por muchos años en el caballo de tus propios esfuerzos, pero el duro camino de las dificultades te ha provocado caídas difíciles de levantarte. Vuelves y te subes al caballo, pero te caes porque no es con tu propia fuerza. Es desde el piso que Dios te hace un llamado a cambiar de enfoque, a mirar desde otra perspectiva y pensar: Si dejo que Cristo tome el control de mi vida, ¿qué puede pasar? He probado muchas cosas en la vida, ¿Por qué no probar con Jesús?

Te aseguro que si lo haces, tu vida tendrá un giro de 180°. Solo debes reconocer que no es con tus fuerzas, si no con las fuerzas de aquel que prometió y dijo:

> *Vengan a mí todos ustedes que están cansados y agobiados, y yo les daré descanso. Carguen con mi yugo y aprendan de mí, pues yo soy apacible y humilde de corazón, y encontrarán descanso para su alma. Porque mi yugo es suave y mi carga es liviana. (Mateo 11:28-30)*

¿Te atreves a cambiar de enfoque?

Capítulo 8

UNA MANO DE ESPERANZA

*"Porque yo Jehová soy tu Dios, quien te
sostiene de tu mano derecha, y te dice:
No temas, yo te ayudo"*

Isaías 41:13

765 AC – 695 AC

Una de las cosas que más me apasiona es hablar en público. Para mucha gente no existe algo más aterrador que dirigirse a un grupo de cientos o miles de personas y exponer ciertos tópicos. Sin embargo, aprendí el arte de la oratoria desde que tenía la edad de 12 años cuando visitaba una organización cristiana que formaba a niños y adolescentes en diferentes áreas de la vida. Esa habilidad me dio ciertos privilegios en nuestra comunidad de creyentes, pues no era usual que un adolescente pueda dirigirse a una congregación y exponer algunos temas bíblicos con naturalidad y sin miedo escénico. Así que, era común que me invitaran de otras congregaciones para exponer algunos temas relacionados a la problemática juvenil. Mas luego, esta habilidad me sirvió en la escuela y la universidad para impulsar mi carrera profesional. Al adquirir la mayoría de edad y ver que las invitaciones eran constantes, oraba para que Dios me proveyera los medios económicos y así poder comprar un vehículo para seguir "colaborando" en su obra. No tardó mucho tiempo sin que recibiera respuesta. Para ese entonces, estaba en un nuevo empleo y no dudé en solicitar un préstamo en el banco para "ayudar a Dios" y hacer mi sueño realidad.

> **Nuestra confianza de que él puede contestar nuestras peticiones, no debe estar condicionada al estado de nuestros sentimientos.**

Recuerdo muy bien cuando visitaba agencia por agencia con mi amigo David buscando un vehículo que se ajustara a mi presupuesto, hasta que por fin llegamos a la última tienda de la zona y lo que ocurrió fue amor a primera vista. Había un Honda Accord color dorado de transmisión mecánica dispuesto para que yo sea su próximo dueño. Inmediatamente hicimos los trámites y salí de allí manejando mi vehículo. Nunca podré olvidar ese grato olor que sentí al encender el aire acondicionado.

Mi fe estaba robusta y me sentía un hijo consentido del altísimo, a fin de cuentas: ¿quién no se contenta cuando las cosas le salen bien?

El asunto es que en ocasiones Dios obra de una forma distinta a como nos sentimos emocionalmente o incluso lo que racionalmente nos pareciera lógico. ***Nuestra confianza de que él puede contestar nuestras peticiones, no debe estar condicionada al estado de nuestros sentimientos o por las cosas que nos ocurren***. Un día podemos amanecer de buen ánimo, al día siguiente triste.

El pecado nos mantiene como un carrusel, porque sencillamente dependemos de las circunstancias.

Las Sagradas Escrituras dicen que Dios no cambia, sus decisiones no son dependientes de un estado emocional:

> Porque yo Jehová no cambio; por esto, hijos de Jacob, no habéis sido consumidos (Malaquías 3:6)

A pesar de que el pueblo se había extraviado de guardar sus mandamientos, Dios mantuvo su promesa de no destruirlos. Nosotros somos los que cambiamos cuando las circunstancias nos son adversas.

La adquisición del vehículo fue al principio una gran bendición para mí. Hasta cierto modo entendía que me había acercado más a su presencia. Pero más tarde, al cambiar las circunstancias se convirtió en un gran dolor de cabeza que finalmente afectó mi creencia de ser su "hijo consentido". Ese es el resultado cuando entendemos que ciertos objetos pueden "colaborar" en nuestra relación con Dios.

PROMESAS ROTAS

Pasaron unos meses y mis prioridades empezaron a cambiar. Pues la vida universitaria, el trabajo, las prácticas, la novia, chatear por internet entre otras cosas, me quitaban el tiempo para ayudar en la formación de los jóvenes que seguían mis disertaciones. Ya no oraba, mucho menos estudiaba la Biblia. Olvidé la promesa que le había hecho de usar el carro principalmente para continuar llevando salvación y un camino de esperanza a las personas que visitaban la iglesia con sed de recibir el agua de vida. Las palabras de Salomón me cayeron como anillo al dedo cuando escribió: *"Mejor es que no prometas, y no que prometas y no cumplas"* (Eclesiastés 5:5)

¿Por qué a mí?

Ese día me desperté un poco tarde, el servicio de la iglesia iniciaba a las 9:00 a.m. y mi reloj marcaba las 10:00 a.m. Así que me levanté lo más rápido que pude, me duché y sin desayunar encendí el motor de mi carro y salí a toda velocidad hacia el templo que estaba a unos pocos minutos de mi casa. Ya me encontraba exactamente a una cuadra de mi destino, cuando al mirar hacia mi lado izquierdo, de repente vi como ese carro salía de la nada y se estrelló contra la puerta del lado donde yo iba conduciendo. En fracción de segundos, mi vehículo estaba dentro de una bodega con el cristal delantero, las puertas y el frente destruido, además de los daños provocados al negocio. Todos pensaron que había muerto por causa del impacto. Después de unos segundos, recobré el sentido, miré hacia afuera y vi al joven conductor con las manos sobre su cabeza al darse cuenta que yo no podía salir. Me sentía adolorido, pero recobré fuerzas y pude salir por la puerta del pasajero. Había muchas personas observándome, algunas se sorprendieron al verme de pie. Me preguntaron si tenía alguna fractura y me revisaban físicamente.

En ese momento miré al cielo y agradecí a Dios porque me había protegido de ese fatal accidente. Luego al ver mi vehículo sentí una gran tristeza y en ese momento comencé a cuestionar a Dios diciéndole: ¿por qué permitiste que mi carro se destruyera de esa forma? ¿Acaso tú no tenías el poder para evitarlo? ¿Sería que estabas tan ocupado en otras cosas que no pudiste tomar unos segundos para atenderme?

Me parecía bastante al profeta rebelde que Dios había enviado a la malvada ciudad de Nínive para llevar las buenas nuevas de salvación y provocar arrepentimiento a sus habitantes. Sin embargo, las intenciones del profeta Jonás eran otras, él quería que el fuego destructor de Dios consumiera toda la ciudad y de verdad que habían motivos para que esto ocurriera. El asunto era que Dios le había extendido su misericordia. El pueblo se humilló, reconoció su pecado y sencillamente recibió el perdón.

> **Mejor es que no prometas, y no que prometas y no cumplas.**

Sin embargo, había una lección que el profeta debía recibir. Observe lo que dice la Biblia en el capítulo 4 del libro de Jonás:

> *1 Pero esto disgustó mucho a Jonás, y lo hizo enfurecerse. Así que oró al Señor de esta manera:*
>
> *2 ¡Oh Señor! ¿No era esto lo que yo decía cuando todavía estaba en mi tierra? Por eso me anticipé a huir a Tarsis, pues bien sabía que tú eres un Dios bondadoso y compasivo, lento para la ira y lleno de amor, que cambias de parecer y no destruyes.*
>
> *3 Así que ahora, Señor, te suplico que me quites la vida. ¡Prefiero morir que seguir viviendo!*
>
> *4 ¿Tienes razón de enfurecerte tanto? —le respondió el Señor.*
>
> *5 Jonás salió y acampó al este de la ciudad. Allí hizo una enramada y se sentó bajo su sombra para ver qué iba a suceder con la ciudad.*
>
> *6 Para aliviarlo de su malestar, Dios el Señor dispuso una planta, la cual creció hasta cubrirle*

a Jonás la cabeza con su sombra. Jonás se alegró muchísimo por la planta.

7 Pero al amanecer del día siguiente Dios dispuso que un gusano la hiriera, y la planta se marchitó.

8 Al salir el sol, Dios dispuso un viento oriental abrasador. Además, el sol hería a Jonás en la cabeza, de modo que este desfallecía. Con deseos de morirse, exclamó: «¡Prefiero morir que seguir viviendo!»

9 Pero Dios le dijo a Jonás: ¿Tienes razón de enfurecerte tanto por la planta? ¡Claro que la tengo! —le respondió—. ¡Me muero de rabia!

10 El Señor le dijo: Tú te compadeces de una planta que, sin ningún esfuerzo de tu parte, creció en una noche y en la otra pereció.

11 Y de Nínive, una gran ciudad donde hay más de ciento veinte mil personas que no distinguen su derecha de su izquierda, y tanto ganado, ¿no habría yo de compadecerme?

Tremenda lección para este hombre que solo se contentaba cuando las cosas le beneficiaban directamente, pero que no sabía manejarse emocionalmente en los momentos de escases, hasta el punto de querer morir. Ese tipo comportamiento es frecuente en muchos de nosotros. **Cuando estamos en bonanza somos los cristianos más consagrados. Pero cuando vienen los momentos difíciles, dudamos del poder de Dios**. Así me sentía cuando estaba frente a mi carro destruido. Parecía que él me había abandonado, pero no era así. Mientras me encontraba de pie refunfuñando, como aquel profeta gruñón, él solo quería darme una lección de vida.

A pocos minutos de ocurrido el accidente llegaron las autoridades, las grúas y todo el protocolo para ese tipo de situación. Después de completar las declaraciones, medité seriamente sobre mi actitud. Recordé el momento cuando le pedí a Dios que me proveyera los medios para adquirir un vehículo a fin de continuar llevando esperanza por medio de la exposición de su palabra. El asunto era que yo no estaba cumpliendo con la promesa. Esa "bendición" me estaba alejando de aquel que me la había dado.

Fueron tres largos y penosos meses que duré usando el trasporte público, antes de que me regresaran el vehículo totalmente reparado. Pues el plan de seguro que tenía no cubría un reemplazo temporal. Durante ese tiempo entendí que mi corazón debía ser quebrantado para que pueda volver a los pies del Señor. Aprendí varias lecciones que me han ayudado a ser más dependiente de sus promesas. La primera lección es que en ocasiones Dios permite que perdamos algunas cosas, para que redireccionemos nuestra mirada hacia arriba. Y podamos tener la mentalidad de Job cuando dijo:

> *...Desnudo salí del vientre de mi madre, y desnudo volveré allá. Jehová dio, y Jehová quitó; sea el nombre de Jehová bendito. (Job 1:21)*

Y por supuesto, está por demás decir que Job no se quedó "desnudo". Le fue restituido por mucho todo lo que tenía. Las Sagradas Escrituras enseñan que la fe de este hombre era inquebrantable, porque a pesar de perderlo todo, se mantuvo firme en las promesas de Dios.

La segunda lección que aprendí es que ***en ocasiones Dios no nos concede lo que le pedimos, porque nuestra mente no está preparada para recibir tanta bendición***. Es necesario más disposición, más dependencia, más conexión con los asuntos del cielo. Por eso el señor Jesús les dijo a sus discípulos:

> *...Mirad, y guardaos de toda avaricia; porque la vida del hombre no consiste en la abundancia de los bienes que posee. (Lucas 12:15)*

Eso no significa que sentir tristeza por las cosas adversas que nos ocurren sea algo negativo. Lo que se nos quiere enseñar es que existen motivos más elevados por lo cual vivir. Finalmente la palabra también dice que ***"nuestra ciudadanía no es de este mundo"*** (Filipenses 3:20) Y es nuestro llamado a depender de nuestro Dios sin importar las circunstancias hasta llegar a vivir como el apóstol Pablo cuando escribió:

> *No lo digo porque tenga escasez, pues he aprendido a contentarme, cualquiera que sea mi situación. Sé vivir humildemente, y sé tener abundancia; en todo y por todo estoy enseñado, así para estar saciado como para tener hambre, así para tener abundancia como para padecer necesidad. Todo lo puedo en Cristo que me fortalece. (Filipenses 4:11-13)*

¿Sabes contentarte con lo que tienes? De no ser así, es probable que también debas "aprender". Ese proceso a veces conlleva la pérdida de ciertas cosas materiales que son necesarias para nuestro crecimiento. Por lo tanto, si en este momento estás en una etapa difícil en tu vida y sientes dolor por lo que te ha ocurrido te invito a mirar hacia arriba y confiar en las promesas de nuestro Dios quien no es lento para contestar. Solo que la dimensión de su gracia opera en una esfera diferente a la nuestra, cuando crees que se tarda es porque está preparando algo mucho más grande para bendecirte.

Recuerdo la gran desconsolación que sintieron Martha y María las hermanas de Lázaro, el amigo personal del Sr. Jesús cuando después de avisarle que su amigo estaba enfermo "no llego a tiempo". Lázaro murió y fue sepultado en una cueva, pasados los tres primeros días de su deceso y el cuerpo entró en estado de descomposición. Cuando Jesús llegó todos estaban llorando y pidió que lo llevaran a la tumba, luego en frente le todos los presentes pidió que abrieran la cueva, alzó su voz y llamó a su amigo diciendo: ¡Lázaro levántate! e inmediatamente los tejidos volvieron a componerse y lázaro salió con vida de la tumba (Juan 11:1-44). Tal vez si Jesús hubiese llegado cuando estaba enfermo, probablemente lo habría sanado, pero con esta "tardanza" lo que él nos quiere enseñar es que no perdamos la confianza, que todo no está perdido. Su autoridad está por encima de la misma muerte, al final de cuentas el mismo resucitó de los muertos y sigue vivo. Solo resiste un poco más, pronto escucharás la potente voz de Jesús que calmará la tormenta de tu vida y todo volverá a ser mejor que antes, cree en su palabra que te dice:

> *Porque yo Jehová soy tu Dios, quien te sostiene de tu mano derecha, y te dice: No temas, yo te ayudo. (Isaías 41:13)*

Esta poderosa promesa es para ti. Tal vez has intentado con muchas cosas y ninguna ha funcionado. Ahora te invito a probar con Jesús. Acepta la mano ayudadora de Dios, que se ha extendido a través de los siglos para llegar hasta ti.

El ofrece ayudarte, como un padre que sostiene la mano de su hijo que apenas está aprendiendo a caminar. En este mundo vamos a tropezar, nos vamos a caer, pero que bueno es saber que hay una mano dispuesta a tomar la nuestra y levantarnos, alguien que no nos va a traicionar, ni abandonar. Un verdadero amigo que no te va a fallar, cree en su palabra y empieza la metamorfosis más trascendental de tu vida. Tal vez será un proceso largo, pero lo que nunca empieza, jamás termina.

Hoy te invito a dar ese salto de fe y verás como todo va a comenzar a tener sentido. Si lo haces ahora podrás acercarte a un Dios compasivo y bondadoso dispuesto a darnos sus más ricas y abundantes bendiciones. Estás a solo una decisión de un verdadero cambio, la primera etapa de tu metamorfosis. Vamos, abre tus brazos y recibe lo que ha sido preparado para ti. Puedes decir junto conmigo: "Querido Dios, en estos momentos te entrego mis cargas. Las he tenido por mucho tiempo, pero ahora acepto tu llamado y la deposito a tus pies. Te pido que me aceptes y que entres a mi corazón. Hazme una nueva vida y perdona mis errores. En el nombre de Jesús ¡Amen!

SOBRE EL AUTOR

Melvin Féliz nació en Santo Domingo, capital de la República Dominicana. Ha escrito para algunos periódicos y medios digitales por varios años, también es autor de libro FINANCIERAMENTE SABIO. Realizó estudios en las áreas de finanzas y gestión de empresas en reconocidas universidades del país. Laboró por casi 20 años en diferentes entidades del sector bancario, alcanzando posiciones gerenciales y de alta dirección.

El Sr. Féliz también es productor asociado de una emisora de radio, una de sus principales pasiones. Ha participado en varios programas televisivos y sus conferencias han sido presentadas en diferentes países, empresas y congregaciones cristianas logrando impactar positivamente a miles de personas. Su filosofia en cada disertación o escrito es transmitir esperanza, elemento fundamental para levantar al caído, fortalecer al débil y darle valor al temeroso.